AF334794

VINCELETTE

TEXTE ERNEST PALLASCIO-MORIN
PRÉFACE MARIO VERDON

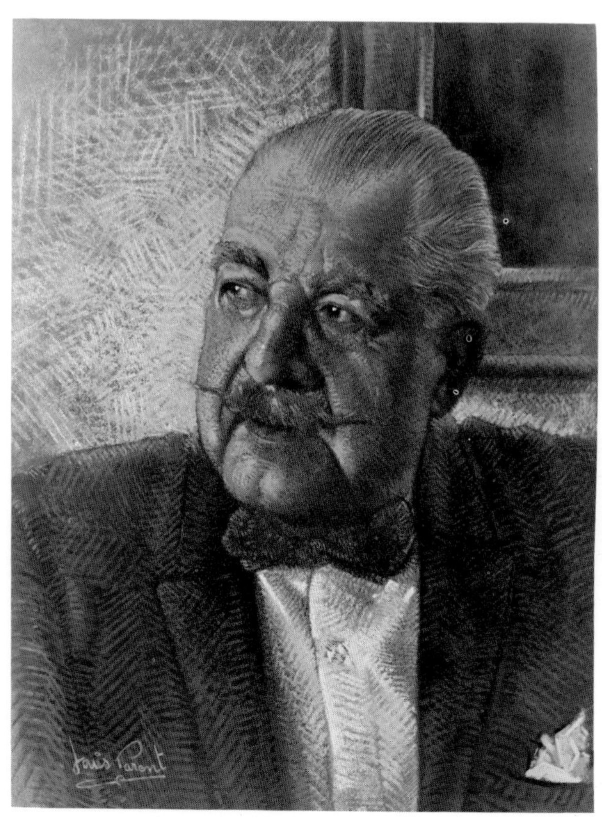

Portrait de Roméo Vincelette, 1969
Pastel de Louis Parent, peintre sculpteur

COLLECTION

SiGNATURES

ÉDITIONS

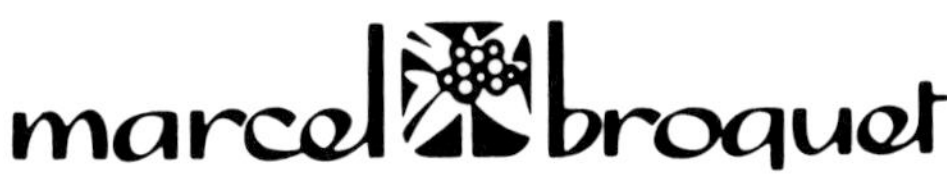
marcel broquet

Casier postal 310 — LaPrairie, Qué.
J5R 3Y3 — (514) 659-4819

Le 4 décembre 1979, il nous quittait. Il est parti comme il a toujours vécu, poliment et discrètement.

À part les collectionneurs et quelques vieux marchands de tableaux, qui donc se souvenait de Vincelette? Un jour que je me trouvais dans une galerie de la rue Sherbrooke de Montréal, son propriétaire, un sexagénaire, me dit de Vincelette: «Cet artiste n'a pas la réputation qu'il devrait avoir, il est trop humble.» Il n'avait pas le clairon facile, lui qui n'avait rien du peintre-homme d'affaires; il savait (*trop*) que l'art est une chose modeste.

On pouvait déjà, quelque temps avant sa mort, percevoir son détachement progressif de cette vie qui le condamnait à être désormais cloué sur un lit d'infirmerie dans la résidence, pour personnes âgées, qui l'avait accueilli quelque huit ans plus tôt.

Son atelier de la maison Angelica de Montréal-Nord était désert depuis quelques semaines, bien vide de l'absence du maître. Seuls rappelaient son passage, une multicolore poussière de pastel et quelques mégots de cigarettes qu'il y fumait en cachette de son médecin(!)

Devant se déplacer en chaise roulante, il acceptait mal ce handicap, se rappelant le temps où il pouvait encore déambuler pour faire du croquis ou peindre les arbres qu'il transposait sur son objectif avec tant d'affection!

Dieu qu'il aimait les arbres! les vieux surtout; dans leur écorce, il disait retrouver toutes les couleurs du prisme.

Vincelette avait réussi à maîtriser le pastel comme peu de paysagistes ont su le faire. Il avait décidé quinze ans plus tôt de passer à ce médium, parce que disait-il: «Je n'ai jamais pu contrôler l'huile.» Cependant, il suffit de retrouver quelques beaux tableaux de son époque huiliste pour comprendre l'humilité de cet homme!

Il aimait parler des peintres français, de Toulouse-Lautrec et de Degas en particulier. Il suffisait de prononcer ces noms pour voir son visage s'épanouir d'un sourire admiratif accompagné d'un abaissement de paupières qui en disait long sur le culte qu'il vouait à ces deux Grands.

Un de ses regrets fut sans doute de n'avoir jamais visité le Louvre. Il en avait rêvé toute sa vie, rêvé aussi de voyages en France, dans cette France où vécurent ceux qu'il vénérait et qui marquèrent la révolution picturale du tournant du siècle dernier.

Quelques années avant sa mort, je reçus de lui un coup de fil. Lui, qui habituellement donnait l'impression d'un être calme, était, ce soir-là, surexcité. Il venait d'avoir la visite de Jean-Jacques Servan-Schreiber. Non seulement le visiteur français lui avait-il acheté quelques tableaux, mais il l'avait convaincu d'aller se produire en France où il lui proposait de piloter son exposition. Il m'en parla avec l'enthousiasme d'un adolescent! Malheureusement, le visiteur ne donna pas suite à ce projet.

J'avais toujours connu mon cousin germain Roméo. Mais en fait, je ne l'avais jamais connu véritablement, notre écart d'âge étant assez grand. Cependant, je me souvenais très bien de l'artiste de la famille; jeune homme, il en imposait déjà par sa personnalité attachante et ne manquait pas d'impressionner toutes les cousines qui le trouvaient «*très bel homme*». Vincelette était artiste jusqu'au bout des ongles. Il avait déjà touché le domaine de l'art vocal, étant doté d'une très belle voix de basse chantante. J'ai eu la grande joie d'être de ceux qui furent bien près de lui durant les dernières années de sa vie. Pas un jour ne s'est écoulé, pendant cette période, sans que nous communiquions deux ou trois fois par téléphone. Que de conseils il m'a prodigués dans ma vocation tardive de peintre, assistant à mes premières expositions, m'encourageant à persévérer. Il était bon, il avait une âme généreuse, me disant sans cesse: «Ne te préoccupe pas de ce que les autres pensent de ta peinture, travaille, travaille et peins sincèrement.» Ces deux derniers mots, je ne les ai jamais oubliés car ils étaient la pierre angulaire de toute son œuvre: «*peindre sincèrement*». Ils constituaient le principe même de son art, l'art d'un homme à qui la vie avait, malgré tout, donné beaucoup de joies; entre autres, celle de pouvoir s'exprimer en silence dans une éloquence de formes et de couleurs. Cela, les générations futures le reconnaîtront malgré l'oubli dans lequel les journalistes et les écrivains de l'art pictural ont inconsciemment contribué à le plonger. Un oubli auquel il s'était depuis longtemps habitué, mais qu'il ne méritait pas.

En Vincelette, nous avons perdu un artiste d'une exceptionnelle qualité. Un artiste qui a su, comme peu d'autres, fixer au pastel le pays du Québec. Il est heureux qu'enfin un document lui rende hommage. On recherche maintenant de plus en plus ses œuvres.

Son heure viendra; tardivement peut-être. Car il n'est pas dit que la reconnaissance du talent véritable arrive par le chemin le plus court.

Mario Verdon

La peinture est une poésie qui se voit au lieu de se sentir; et la poésie est une peinture qui se sent au lieu de se voir.

Léonard de Vinci, 1452-1519

Le hasard a voulu que je sois habité par un sentiment de frustration au moment de commencer ce trop modeste récit qui veut rappeler la longue et importante carrière du peintre et pastelliste Roméo Vincelette.

Une explication s'impose et j'ose espérer que ce soit la bonne. L'artiste ne semble pas avoir tenu un rigoureux *état-comptable* de ses travaux. Il a peint des milliers de tableaux et paysages (peu de portraits) au cours de sa carrière, qui remonte à 1928, et qui se poursuit, bien qu'au ralenti, à la maison de retraite Angelica — à Montréal-Nord — où il s'est retiré il y a quelques années.

Un bon nombre de ses tableaux ne sont pas signés et parmi les meilleurs. D'autre part, généreux de nature, il en a donné ici et là. À qui? Il garde le silence sur ces dons spontanés. Et puis, s'en souvient-il? Et si sa mémoire est fidèle, il appelle les dieux afin qu'ils lui fassent oublier les noms. Plusieurs entrevues avec lui n'ont pas réussi à percer cette cuirasse du silence. Pourquoi?

Sa timidité semble lui interdire de parler de lui-même. On le sent mal à l'aise dès que l'on force un tant soit peu ses confidences. Il parlera plus aisément de souvenirs qui n'ont que peu de liens avec la peinture et son œuvre personnelle. Quoi donc? Les bonnes années de la jeunesse, les amis, les randonnées à travers la Province, les soucis, l'amour et ses déceptions quelquefois. Mais sa sensibilité lui permettrait-elle d'oublier les enivrements d'une saison où le cœur a eu sa part de bonheur et d'exaltation? Là encore, il faut savoir plutôt deviner que d'entendre les mots tombés trop rapidement de sa bouche. La timidité étant une sorte de paralysie de l'être qui en souffre, il convient de dire que chez cet artiste authentique elle est doublée d'une modestie qui n'a pas sa raison d'être eu égard à l'œuvre considérable qui se trouve là, devant nous, sans compter tout ce qui a été perdu ou laissé pour compte, ce que l'on ne peut vraiment pas retracer. Aussi — il faut bien le dire — ce qu'il a détruit de sa propre main, car il est de fait son plus impitoyable critique. Par exemple, lorsque sa fille unique, Lysandre Vincelette était toute jeune, son père fit d'elle trois portraits, soit à quatre ans, huit ans (peut-être) et à quatorze ans. [1] Eh bien! ces trois portraits sont introuvables.

On sent chez lui une espèce de retenue même dans sa démarche vers cet art qui le prend, l'encercle, le domine presque tout entier. Pourtant, il y croit de toutes ses forces. Se demande-t-il vraiment s'il est peintre? On pourrait presque le croire. Il n'a pas cet *allant* qui fait qu'un homme, croyant à son étoile, aura au moins pour lui-même un peu de complaisance, celle de mettre son réel talent en évidence, acceptant la cour que pouvaient lui faire une promotion bien organisée qu'il mérite depuis longtemps déjà, la publicité indispensable comme on la prati-

---

[1] *Elle se souvient très bien d'avoir posé pour lui.*

que aujourd'hui, l'entregent académique ou populaire dont on sait qu'un artiste ne doit pas manquer.

Non! On ne saurait affirmer que Vincelette veuille vivre en solitaire, qu'il fuie les groupes, qu'il abuse de l'isolement volontaire. Ce n'est rien de tout cela! Mais il a développé en lui — peut-être involontairement — le complexe du solitaire. Pourtant, l'artiste n'a rien de malveillant en lui-même. C'est l'être le plus doux, le plus affable qui soit, l'être le plus sensible, le plus généreux (sans doute trop), le plus effacé qui se puisse trouver. On n'en voudrait pour preuve que l'insistance d'un parent et de quelques amis sincères qui se sont ligués, pour ainsi dire, afin de le décider à laisser quelqu'un parler de lui, révéler sa personnalité cachée et son art par trop méconnu dans notre milieu, car on sait pourtant que ses œuvres ne laissent personne indifférent. On trouve de ses tableaux en France, en Angleterre, au Canada, en Italie, en Espagne et aux États-Unis.

Pourquoi l'artiste garde-t-il une certaine distance, pourquoi vit-il un peu isolé? Ici, il faut y aller de nos déductions, car il ne se raconte pas beaucoup. Bien sûr, son œuvre parle d'elle-même! Mais est-ce bien suffisant pour se faire connaître? Pour briller d'un éclat qui rassure autant qu'il éblouit? La sérénité chez l'homme ne découle pas toujours de l'essence de son talent, de sa virtuosité, de l'ensemble de ses qualités intrinsèques. Le talent n'est surtout pas la garantie de la cote d'amour que vous accordent les institutions en place. Il ne faut pas prétendre qu'une mode, pour ne pas dire une *rage*, un certain snobisme, et lesdites écoles d'un temps soient étrangères à la reconnaissance d'un artiste, surtout chez lui. Et cela joue plus qu'on ne saurait le croire dans une société quelque peu désabusée, à la recherche du nouveau se recréant lui-même au jour le jour, voire du fantasque dont elle est avide trop souvent.

Vincelette a connu, observé, aimé ses maîtres. Il leur reste fidèle tout en voulant très jeune s'affranchir, devenir *persona*, c'est-à-dire être lui-même mais sans brûler les étapes. Sa patience fera attendre sa spontanéité, son habileté. Il se rend très bien compte que sa personnalité sera un atout de taille et qu'elle le servira aussi longtemps que sa main suivra son inspiration. Il dessine comme il respire, il progresse comme il marche, donc à grands pas. Il applique à son art de peindre ce que voulait Boileau pour l'art d'écrire:

> *Vingt fois sur le métier remettez votre ouvrage;*
> *Polissez-le sans cesse et le repolissez.*

Cependant, les temps sont difficiles lorsqu'il commence à peindre: il faut faire vite et bien. Ces deux mots s'excluent, bien sûr. Mais vivre a bien son prix! Comme il n'est pas tellement d'accord sur le principe *du vite et bien*, il se partage entre l'art et le travail manuel. Il est presseur le jour, dans une manufacture de vêtements pour dames. Le soir, il reprend ses pinceaux et travaille — sous un éclairage douteux — jusqu'à l'extrême fatigue des yeux.

C'est pourtant dans cette atmosphère qu'il apprend la dure technique de son métier. Se rapprocher du naturalisme (ce que certains critiques lui ont reproché) sous la lampe et dans une lumière qui ne faisait que précéder la vraie lumière pour lui. Il *fallait le faire*, comme le veut un mot populaire d'aujourd'hui.

Vincelette apprend aussi, à ce moment-là, à maîtriser son art en vue du jour où la beauté et la grandeur de la nature se fixeront en ses yeux. Sa grande

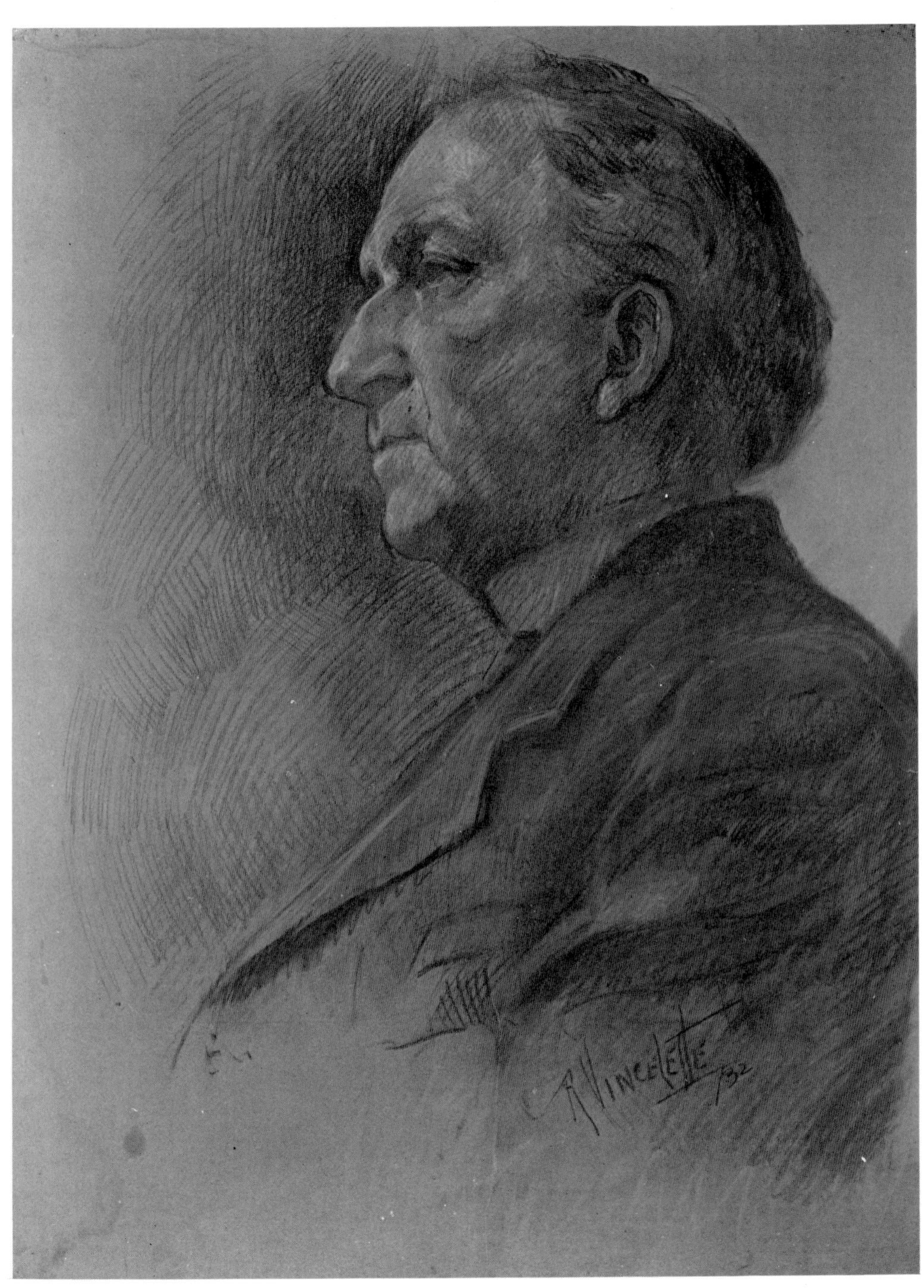

Portrait, 1932
Crayon
65 x 49,5 cm
Coll. Galerie Morency

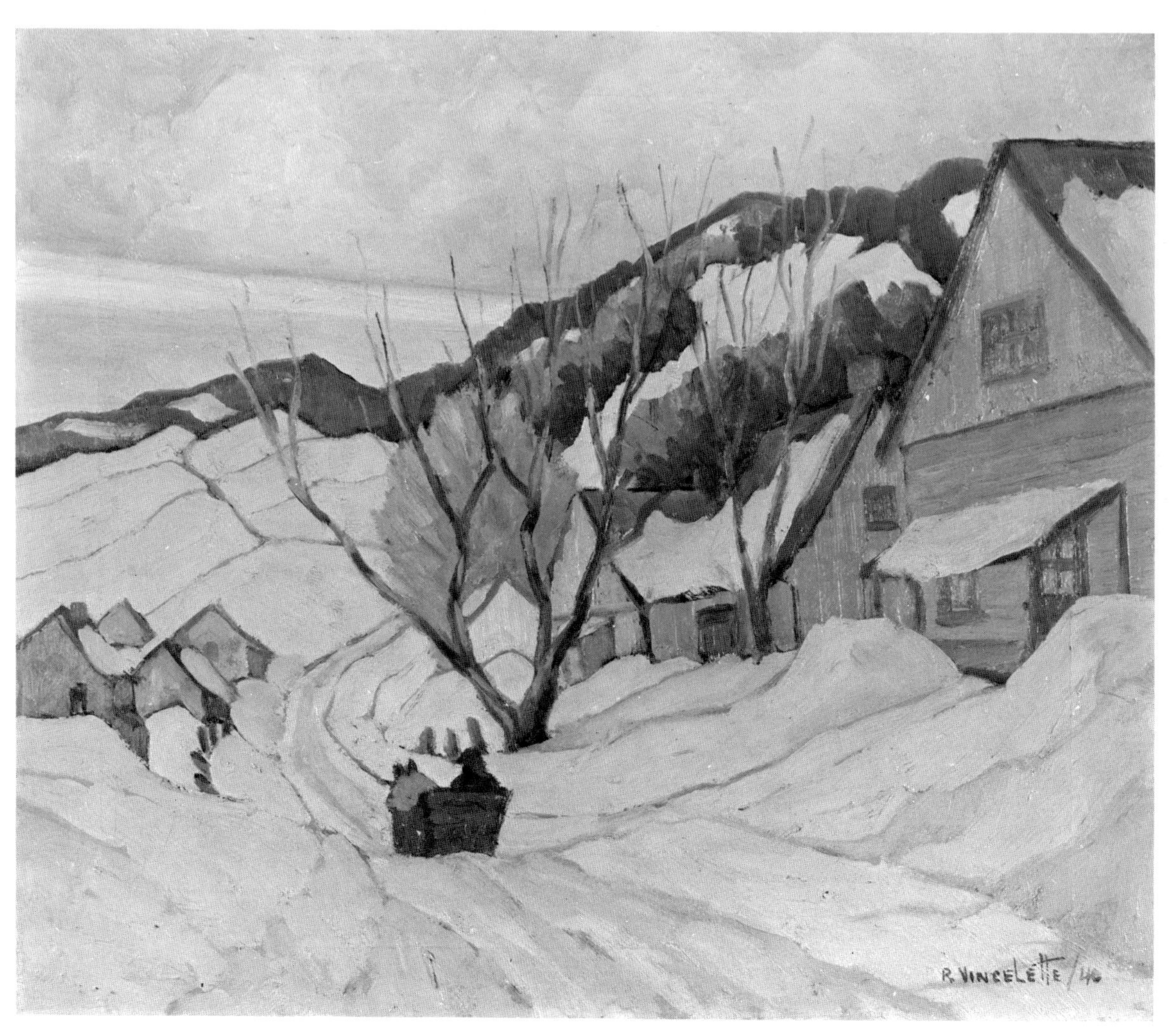

Village québécois, 1940, huile sur toile, 48 x 57 cm
Collection monsieur Lionel Vincelette

sincérité le guide justement vers le naturalisme que tous ne partagent pas parce que l'évolution va vite et qu'elle ouvre la porte à des modes nouvelles auxquelles on donne rapidement des noms. Il demeure amoureux de la beauté réelle des vastes horizons où les couleurs les plus variées s'épousent en écoutant la sérénade de la vie.

Il aime peindre, dans un certain sens, l'aspect fugitif d'un coup de vent dans les branches d'un arbre à la lisière d'une forêt attachante et mystérieuse. Combien de ses paysages, si on les regarde un moment, dévoilent une atmosphère, un mouvement de surprise, un coin familier, un chuchotement secret dans les feuilles? Combien d'autres suggèrent fortement le désir de s'y attarder, de méditer, de prier peut-être?

Vincelette ne compose pas avec ce qu'il voit. Son plaisir semble celui de partager avec d'autres ce qu'il voit, ce qui le ravit, ce qui, somme toute, le fait vibrer!

Il considère comme extrêmement important le contact, ou si l'on veut, l'étude directe d'après nature. À ce moment-là, la force de suggestion complète l'approche et fait place à la limpidité et à l'observation qui jouent à la fois sur le réel et sur l'imaginaire. Cet art ne prend pas sa source dans le rêve immédiat, mais il y conduit peut-être par un souffle romantique que l'artiste ne saurait renier. Si la sentimentalité ne guide pas la main de l'artiste, elle l'aide à mieux comprendre et à la fixer sur sa toile pour demain.

On trouve dans certaines œuvres de Vincelette quelque chose d'intimiste et de gracieux quelquefois. Serait-ce qu'il veuille, de temps à autre, révéler son âme secrète? C'est possible! Mais cela ne l'empêche pas de rester fidèle à une tradition qui lui est personnelle: le respect de la nature.

Comme tout bon peintre, il accepte la division des tons les plus diversifiés comme le contraste étonnant des couleurs auquel il demeurera toujours sensible. Il a depuis très longtemps fait la différence entre la création et la transposition. Plus avantageusement encore depuis qu'il s'est entièrement voué à l'art difficile du pastel... il y a une quinzaine d'années déjà. Ayant toujours aimé la belle matière picturale, l'artiste a cru — sans doute avec raison — affirmer son art et le maintenir en dépit de tout ce que l'on pouvait dire ou écrire. À sa première exposition, entièrement composée de pastels, toutes les pièces ont été rapidement enlevées. Ce premier succès venait donc confirmer le choix qu'il avait fait.

Il est sans doute l'un des rares sinon le seul pastelliste du Québec. Peut-être le seul de partout ailleurs. Il va sans dire qu'il a signé (et quelques fois n'a pas signé) une quantité considérable de fusains, de nus, de dessins, de croquis, d'études d'arbres, de scènes rurales, etc.

Quelques visites, ici et là, m'ont permis de voir, d'examiner ses dessins. Je me suis senti, d'une façon soudaine et fort émouvante, plus près de l'artiste. C'était comme si j'avais été convié à l'un de ses moments de création, témoin pour tout dire, de la complicité qui semble s'établir entre le papier et la main de l'artiste, voire de sa présence même, si quelqu'un veut bien m'en croire. Tentez un jour cette expérience et vous vous rendrez sans doute compte que cette vérité est bien à sa place dans ce récit.

Mais Vincelette est si attiré par la nature qu'il choisit un jour le paysage. Il en fera sa chose. Pour lui, ce sera l'aventure champêtre, c'est-à-dire la période du peintre. Celle du pastelliste ne viendra que beaucoup plus tard. À ce moment-là, ce sera une nouvelle

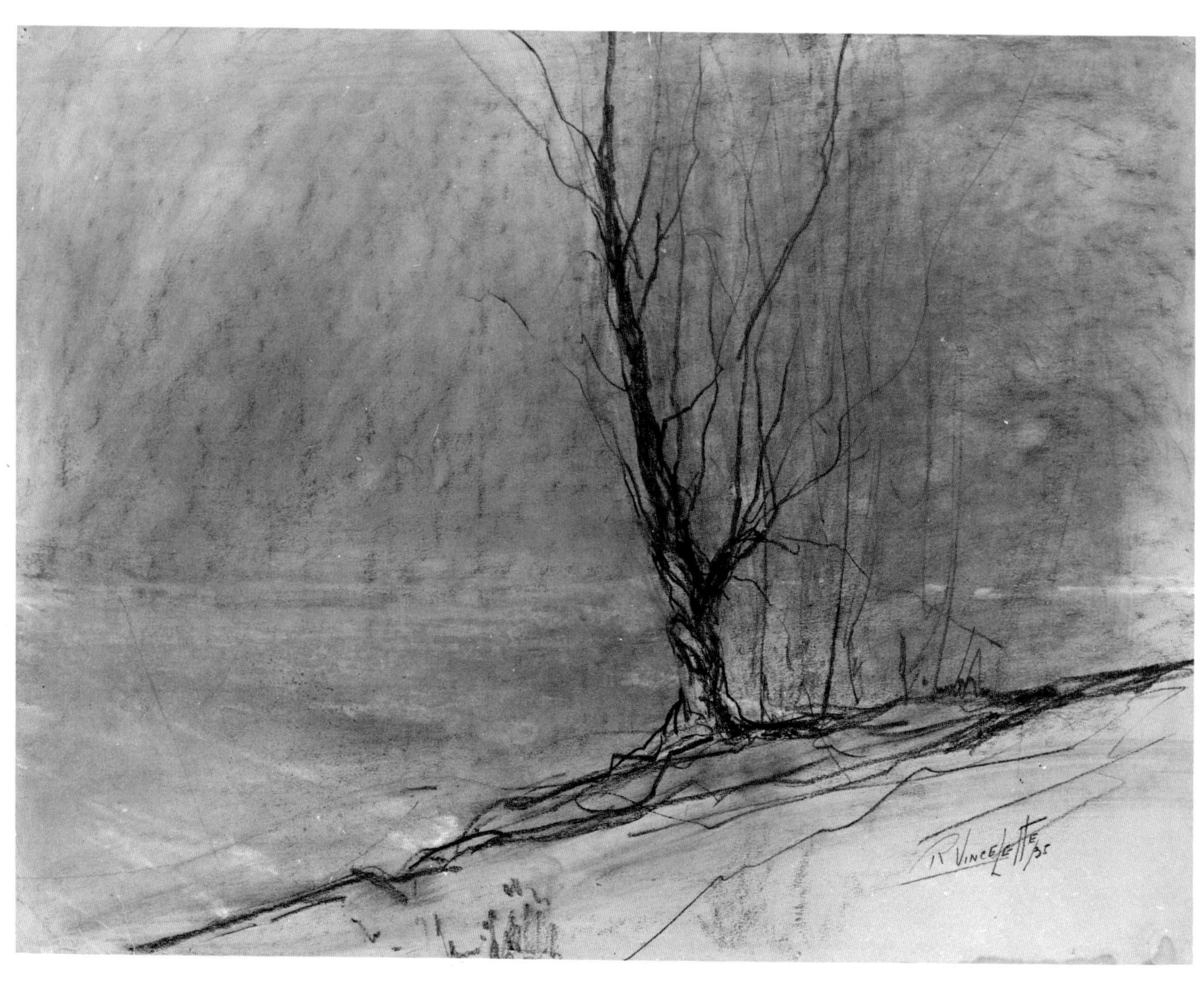

Étude d'arbre, 1935, crayon, 49,5 x 65 cm
Collection Galerie Morency

technique à maîtriser, une orientation différente à suivre, une conception distincte à imaginer, un but inaccoutumé (puisqu'il faudra s'y faire) à atteindre, à maintenir. Alors, il lui faudra donc explorer en pastel avec les violets bleutés, l'orange de cadmium, le rouge carminé, la laque garance (il est déjà pastelliste sans le savoir), le vert mousse, le bleu outre-mer clair, le jaune inaltérable, les tons de mauve et quoi encore?

De plus, il faudra au peintre une observation aiguë des contrastes, l'art de comparer la tonalité de l'arrière-plan, l'acquisition de la subtilité à se rendre de plus en plus compte des valeurs, l'accentuation des rehauts et des ombres. Était-ce si facile? Seul un maître du pastel peut répondre à cette question.

Quant à nous, nous avons une carrière à parcourir si nous voulons suivre Roméo Vincelette à la trace. Nous retrouverons le pastelliste un peu plus loin.

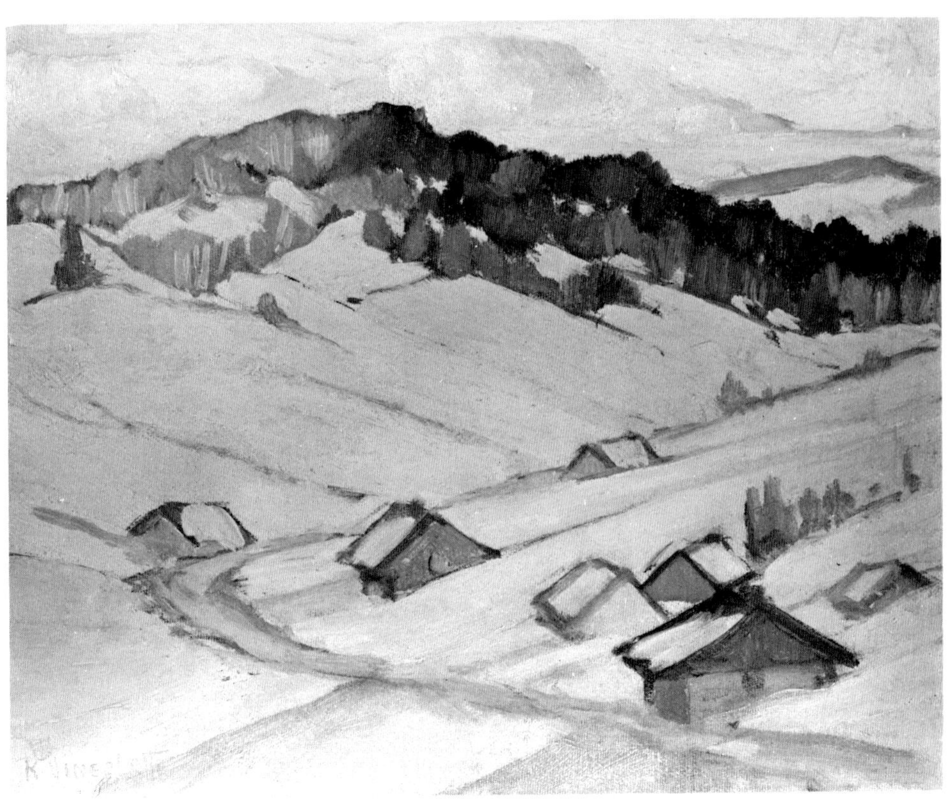

Sainte-Adèle, 1932, huile sur carton, 20 x 25,5 cm

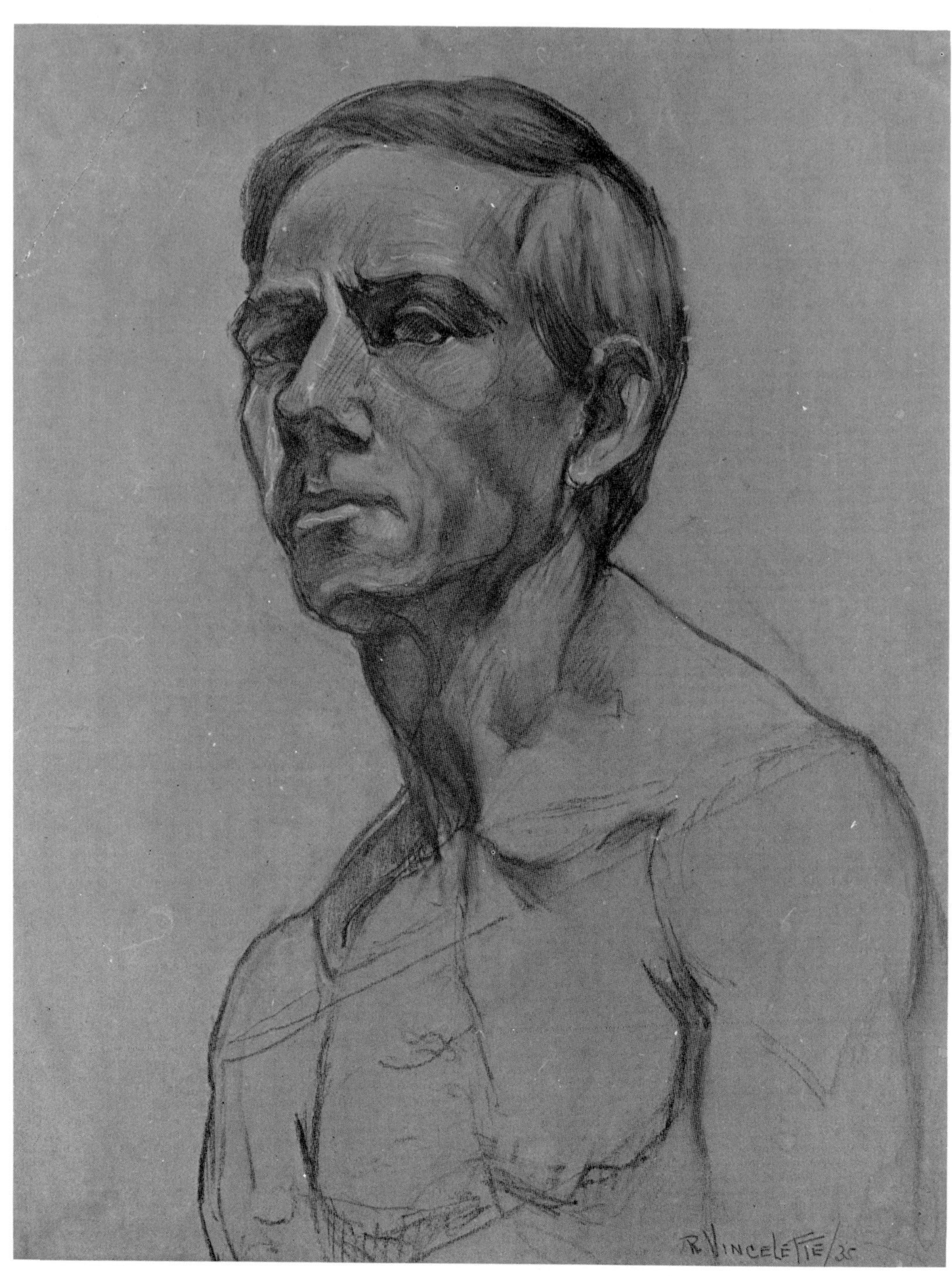

Tête d'Indien, 1935
Pastel
56 x 44,5 cm
Coll. particulière

L'artiste doit aimer la vie et nous montrer qu'elle est belle. Sans lui, nous en douterions.

Anatole France, 1844-1924

À l'école Meilleur [1] dirigée en 1908 par les Frères du Sacré-Cœur, sur le territoire de la paroisse Saint-Eusèbe de Verceil (dans l'est de Montréal), il y avait un garçonnet trop grand pour son âge. Il dessinait déjà pendant le cours d'arithmétique. À six ans, si l'on n'est pas encore spirituel, on peut sûrement être espiègle. Un jour, ce plus grand de la classe [2] se fait apostropher par le professeur qui ne lui passe aucune de ses espiègleries; manquant d'un peu de psychologie, il lui dit: «*Monsieur Vincelette, si le cours ne vous intéresse pas, vous pouvez rentrer chez vous!*»

Quel enfant n'attend pas, justement, pareille invitation? Mais le jeune Roméo ne rentrera pas chez lui. Il ira flâner dans un parc voisin de l'école. Il se laissera prendre par le décor attirant de l'endroit qu'il a choisi. C'est le début de juin. Il y a des fleurs, un jet d'eau, un environnement paisible, propre à la méditation. Le malheur veut que l'enfant oublie l'heure. Il n'est pas présent au dîner.

Agitation du père! Inquiétude de la mère! Comme la famille est nombreuse, on n'aura pas de mal à le retrouver endormi sur un banc. Il tient dans sa main droite son sac d'école. Dans la main gauche, un petit calepin rempli de dessins naïfs mais précis des arbres et des arbustes qui l'ont enchanté. Le père pourrait lui faire une colère, mais il est si étonné de la sûreté du coup de crayon qu'il se met plutôt à songer que, plus tard, il aurait peut-être un artiste dans la famille. Cette idée ne lui déplaît pas tellement. Dès ce moment-là, il se dit que si le talent est aussi réel qu'il se le représente par les *esquisses* de son fils, il lui faudrait encourager un jour l'enfant dans cette voie. Ce qu'il fit!

Le jeune Vincelette ne passe que peu de temps chez les Frères du Sacré-Cœur. Ses parents l'envoient à l'école *Le Plateau*, fort bien cotée à Montréal.

Né le 26 janvier 1902, au 32 de ce que l'on appelait alors la *petite rue Lalonde*, dans le vieux quartier de Sainte-Marie, Roméo Vincelette se trouvait donc dans la paroisse Saint-Eusèbe de Verceil. C'est dans ce quartier populeux qu'il devait passer son enfance et son adolescence. Son père, Hermas Vincelette tenait, rue Fullum, un étal de boucher très achalandé. Les profits suffisaient tant bien que mal à nourrir les douze enfants que Laura Verdon [3], son épouse, lui avait donnés. Même si cette époque nous apparaît lointaine, il faut reconnaître que c'était là une *maisonnée*. Quatre des enfants moururent en bas âge, mais Laura Verdon tint le coup. Elle était grande, svelte, avenante. Elle portait ses cheveux noirs très longs. Ses yeux, couleur noisette, étaient doux et rieurs. Comme beaucoup de jeunes filles de cette époque, elle avait étudié le piano au couvent et elle en jouait fort bien. Elle devait mourir à soixante-seize ans, rue Parthenais, où la famille s'était alors installée depuis un certain temps.

---

(1) En l'honneur de Jean-Baptiste Meilleur, premier surintendant de l'Instruction publique au Bas-Canada, de 1843 à 1855.
(2) Adulte, il fait 1,86 m.
(3) Sœur de Donat Verdon, père de Mario Verdon.

Roméo Vincelette grandit en dessinant. Les vacances de l'enfance heureuse le trouvent dans les parcs, les bosquets, parfois sur les quais près du fleuve (il habite tout près), car l'eau aura été pour lui la première fascination de son jeune âge. Plus tard, l'eau sera souvent dans son œuvre. Aussi la neige, la forêt, le dégel du printemps. À la maison, on se rend compte qu'il sera grand et fort bel homme. Il aimera la femme: *Ève éternelle!*

Il sera un joyeux gaillard!

Mais en attendant, il faut gagner sa vie! La peinture — même s'il en rêve depuis longtemps déjà — ne lui apportera pas trois repas par jour. L'artiste en puissance devra apprendre un métier. Mais oui! Un métier pour *la soupe!* Pas un sou pour la création artistique! C'est comme ça! Roméo est le troisième de la famille. Derrière lui: quatre autres qui poussent. Où prendrait-on l'argent pour lui payer des cours de dessin ou de peinture? C'est bien à regret que son père lui suggère de travailler et de se débrouiller quant au reste. Pourtant, il est conscient du talent de son fils. Mais on ne saurait y songer. Du moins pas à ce moment-là. Il lui dira de ne pas abandonner le dessin ou tout art qui semblerait l'attirer. Son ami, Louis Parent, dira de lui plus tard: «*Il vit pour peindre!*»

Roméo Vincelette regarde à gauche et à droite et découvre que le métier de presseur semble être assez rentable à cette époque. Il se fait embaucher chez un manufacturier de vêtements pour dames. Il trouve là une source non négligeable de revenus. Mais il n'a pas encore l'âge d'être sérieux. Une partie de son salaire est consacrée à l'achat du matériel pour peindre et dessiner; une autre, à ce qu'il faut pour les vivres et le logement (chez ses parents, bien sûr); la troisième, à s'amuser un peu. Il aime le théâtre. On le voit souvent suivre les saisons des théâtres les plus courus.

Il est grand, bel homme, toujours habillé selon le dernier cri. Il est aussi doué d'une très belle voix de baryton et prend des leçons de chant chez Céline Marier, professeur par excellence. Mais il devra faire un choix. Mademoiselle Marier est intransigeante quant à l'assiduité. Il ne peut se plier à cette discipline, car il travaille le jour… et il préfère peindre à chanter.

D'autre part, de 1916 à 1920, il manœuvre la machine à presser tout en suivant des cours. Des cours de dessin avec Saint-Charles, Franchère et Charles Gill. Ces cours se donnent au Monument national. Souvent, il doit s'y rendre à pied. Il se résigne à accepter ce qu'il ne peut pas changer. Pendant les sept années qu'il fréquenta l'école *Le Plateau*, il apprit beaucoup du peintre et conférencier J.-B. Lagacé qui enseignait le dessin et l'histoire de l'art et qui ne se lassa jamais de le pousser dans cette voie. Le métier de presseur [1] lui permettra de poursuivre son rêve. Il est prêt à tout pour y arriver. Cela durera longtemps! À l'École des Beaux-Arts, il sera inscrit de 1928 à 1934 et ses professeurs — le soir — seront Henri Carpentier, M. Félix et M. Larue pour l'architecture. Il ne s'en tiendra pas là. Plus tard, il va perfectionner son art avec Edmond Dyonnet. Ce maître aura une certaine influence sur lui.

---

(1) *Il devra y revenir souvent, car l'art est loin de suffire à son entretien.*

Solitaire de nature, il se fait pourtant des amis. Il les nomme *mon assortiment de copains*. Qui sont-ils? Henri Bélisle, Frank Iacurto, Rémi Arbour, Fleurimont Constantineau, Louis Parent, Stanley Cosgrove, Armand Filion, Léopold Dufresne et quelques autres. Ils sont comme des mousquetaires. On les voit toujours ensemble, soit pour travailler, soit pour la gaudriole.

À cette époque, il peint pour peindre. Aussi pour vivre un peu. Il n'a gardé que peu de choses de ses centaines de nus, de croquis, de fusains. Il se fait la main! Il le faut! Il ira travailler à la Montée Saint-Michel même s'il ne s'y rend que sur le tard.

Mgr Olivier Maurault, au cours d'une conférence sur les «*Peintres de la Montée Saint-Michel*», fait cette remarque que le journal «*Le Devoir*» publie le 28 mars 1941:

«*Roméo Vincelette mérite de figurer dans la galerie des peintres de la Montée Saint-Michel même s'il n'y a fait que des apparitions rares.*»

Avec le temps, ses études, déjà longues et appliquées, vont devenir un besoin en quelque sorte, voire une raison de vivre au milieu de la nature. L'appel est irrésistible: il fera définitivement ses adieux à mademoiselle Céline Marier. C'est un gain de la peinture sur le chant.

Le temps des Beaux-Arts s'achève. Il a mérité des prix dans la plupart des disciplines qu'il étudiait et où il se manifestait.

Il est déjà avec Sheriff-Scott qui donnait des cours dans l'ancien atelier de Suzor-Coté, rue Sainte-Famille. Maurice Cullen est là aussi. En 1928, Vincelette a vingt-six ans. Il a fait ses premières preuves. Il ne lui reste plus qu'à poursuivre son idéal, le chemin qu'il s'est tracé. Il va aussi se marier et s'établir rue Des Érables, dans la paroisse de l'Immaculée-Conception: c'est toujours dans l'est de Montréal.

* * *

Son épouse, Yvonne Séguin, était couturière-modiste. On dirait aujourd'hui qu'elle faisait de la haute couture. Il était presque de rigueur qu'elle eût un atelier de couture à la maison. Lui était artiste-peintre. Donc, il était presque de rigueur qu'il eût un studio dans le même logis.

Comme il a accueilli sa belle-mère et sa belle-sœur, il allait très bientôt se trouver devant un drôle de problème d'espace. Ce fut le cas!

Heureusement, derrière la maison de la rue Des Érables, donnant sur la ruelle, il y a un bâtiment désaffecté. Il loue l'endroit et s'y installe pour peindre. Les membres de la famille voisine sont des Dagenais, les parents de Gérard, le linguiste, de Pierre, le comédien et auteur dramatique, et d'André, le professeur de philosophie. Évidemment, ce ne sont alors que de jeunes enfants.

Mais la peinture ne contribue toujours pas à enrichir son homme. Il doit reprendre du travail dans la confection pour dames, cette fois-ci, à temps partiel. Le soir, de retour à la maison, il dîne de deux bouchées avant de passer dans son atelier où il travaille furieusement pendant de longues heures et souvent jusqu'au lever du jour. On voit d'ici l'éclairage! C'est également un défi que son énergie physique seule lui permettra de vaincre.

Il produit assez en cette année 1928, mais il ne pourra pas pour autant abandonner tout à fait son métier de presseur. Pas avant 1935. Ses tableaux se

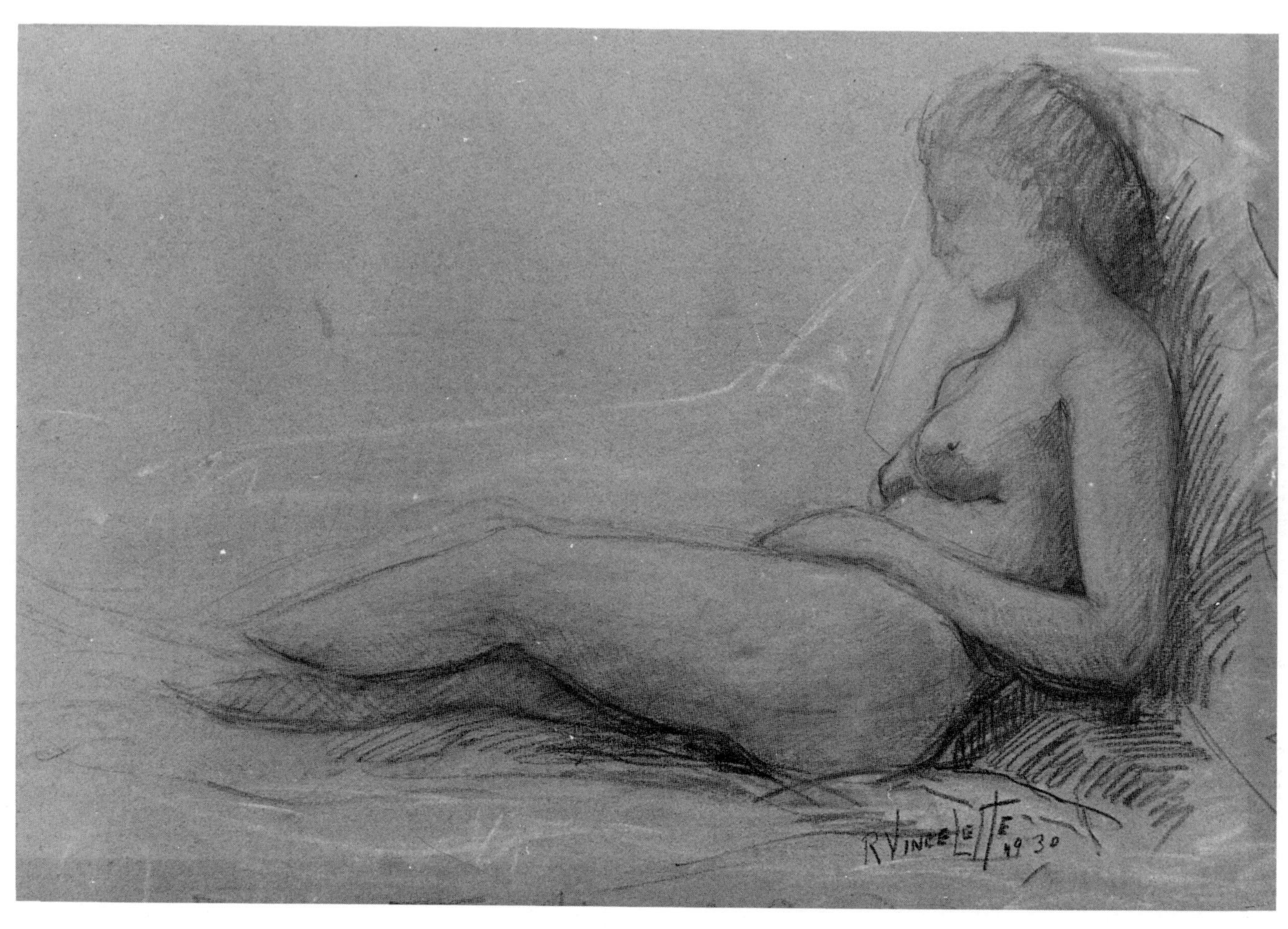

Étude de nu, 1930, pastel, 26,5 x 37 cm
Collection particulière

vendent bien, mais le 29 octobre 1929, c'est le krach financier mondial.

Comme il jouait à la Bourse — en vue de faire fructifier ses économies, il est *lavé* comme des centaines de milliers de citoyens à travers le pays et dans le monde. Tout est à refaire, à recommencer. Il demeure optimiste. Il reste gai luron. Il décide de se tourner vers la nature. C'est la frénésie des randonnées à travers toute la Province, toute la campagne québécoise surtout. Il part avec des peintres. Parfois avec Rémi Arbour, parfois avec Louis Parent, ou encore avec Henri Bélisle. Pendant des années, il préférera les Laurentides. Il en a rapporté des centaines et des centaines de scènes rurales (en diverses saisons), des paysages d'une pure beauté, des scènes où il excelle vraiment. Il parcourt les montagnes en tous sens, de Saint-Janvier à Saint-Faustin et souvent au-delà. Il pourra s'extasier devant la splendeur des monts, la rondeur des collines, l'attirance des vallées et des plaines, les torrents qui déferlent, les oiseaux jouant et chantant dans les sous-bois où toutes les couleurs se marient. Le rude climat de l'hiver ne le rebute pas. Ses scènes de neige sont parmi les plus remarquables de tous ses travaux. Il se gave de cet enchantement. S'il délaisse un moment les Laurentides, c'est pour s'aventurer en Charlevoix, en Gaspésie (Peninsula dont la seule vue lui cause une vive émotion) et la majesté du Saint-Laurent qui le bouleverse. Il rentre souvent avec vingt à vingt-cinq tableaux qui se vendent assez difficilement, car on ne s'est pas encore relevé de la crise financière. Il s'attarde aux coins les plus attachants du boulevard Gouin (campagne à l'époque) et il peint une jolie petite maison. Elle le ravit! Il veut l'acheter! On lui demande cinq mille dollars! Il ne les a pas! Mais il se dit qu'il les aura un jour.

Trois ans après son mariage, il est comblé de joie à l'arrivée de Lysandre [1], son unique enfant, une fille.

Il redouble d'ardeur. Si la clientèle, impécunieuse comme lui pour l'instant, ne se bouscule pas à sa porte, il s'adonnera à toutes sortes de travaux: réfection, décoration de clubs de golf, (mais oui) et autres réalisations artistiques: *primo vivere!*

Il présente des œuvres au Salon du Printemps, l'événement artistique le plus couru de ce temps-là. Il participe au Salon de l'Académie royale qui a une dimension unique. Les vernissages ont lieu au Musée des Beaux-Arts, rue Sherbrooke. Et cela, tous les ans, pendant des années.

On porterait rudement atteinte à sa modestie si on l'appelait tout de go professeur. Il serait le premier à en rire! Cela n'empêche pas qu'il ait enseigné le dessin dans l'industrie de la robe pour les *petites mains,* pour divers groupes, même au Musée des Beaux-Arts. Plus tard, ce sera dans les Centres récréatifs de la ville de Montréal. Tous les enfants l'aimaient et l'appelaient familièrement *mon oncle Roméo.* Il ne s'en formalisait pas.

À la suite de son départ de la rue Des Érables, il ouvre un atelier près du Square Philips où il vit seul. Il travaille à divers projets tout en se méritant des

____

(1) *Aujourd'hui cadre à Bell Canada.*

prix (*Dow et Canadien Pacifique*). Il a d'ailleurs beaucoup travaillé pour cette dernière compagnie. En 1940, celle-ci organise un concours ouvert à tous les peintres du pays. Roméo Vincelette est proclamé gagnant... pour le tableau le plus représentatif du Québec.

Il fait des économies pour réaliser un rêve. Mais les mines prennent un coup dur à la Bourse. Il perd, en quelques heures, la somme de dix mille dollars, fruit de la vente de ses tableaux sur une période de plusieurs années. Adieu la jolie petite maison du boulevard Gouin! Il ne l'aura jamais!

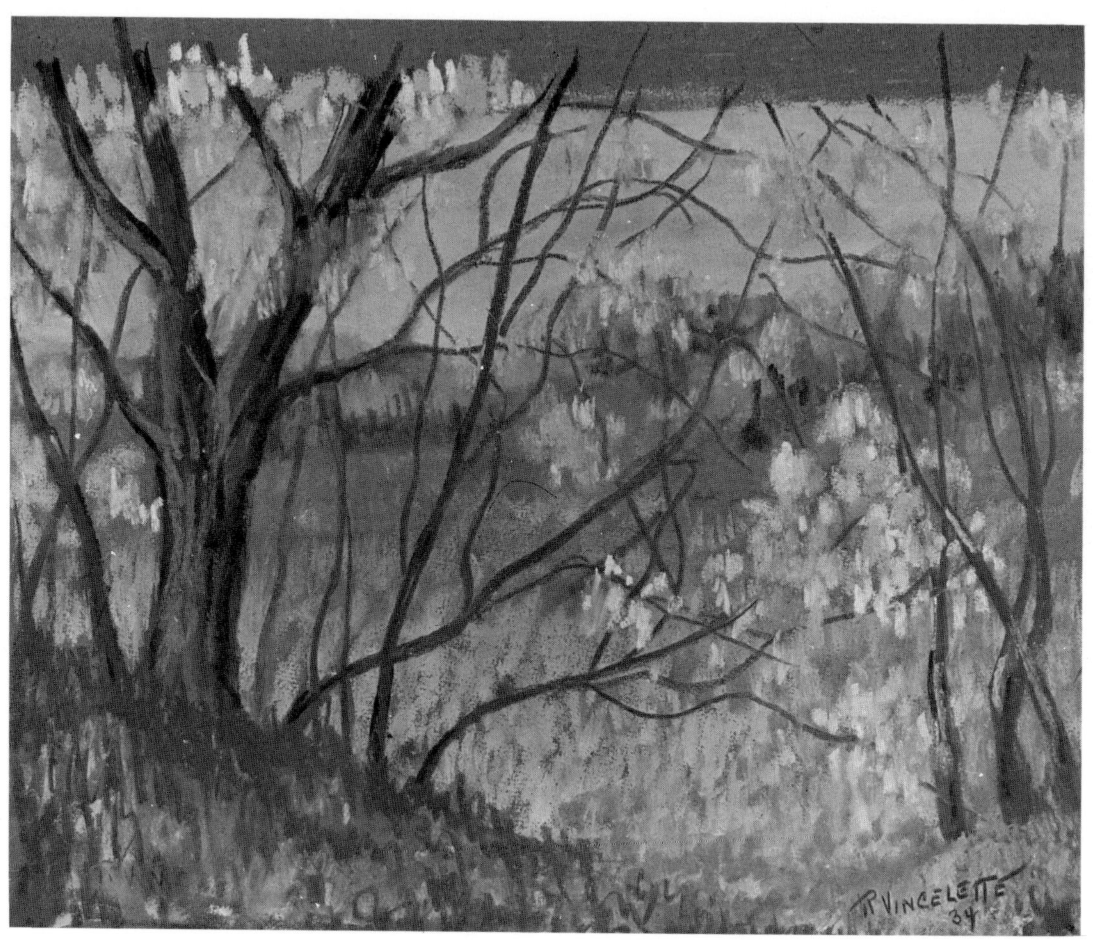

Fin du jour, Piedmont, 1934, pastel, 25,5 x 33 cm

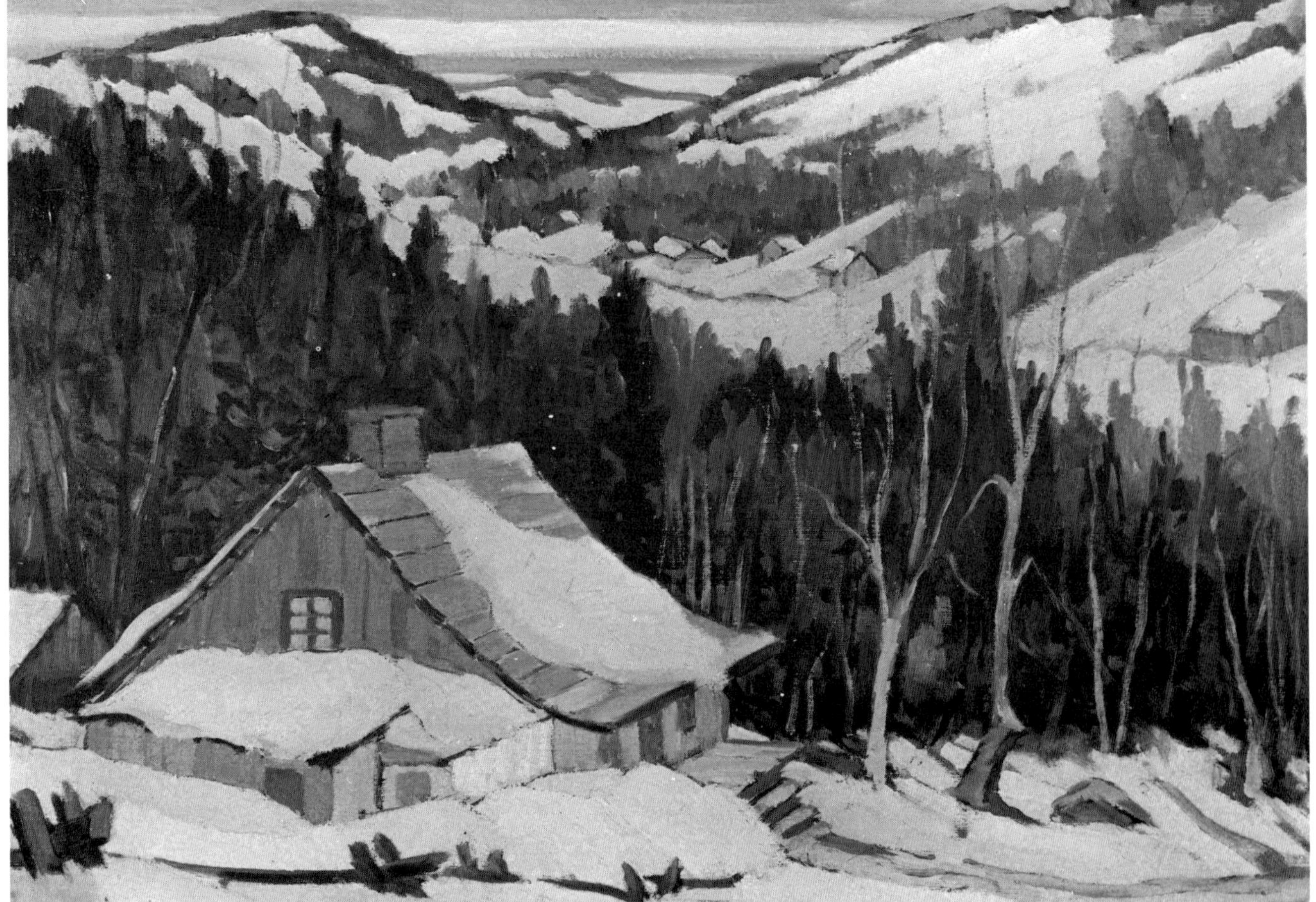

Scène d'hiver, huile sur carton, 39 x 51 cm
Collection monsieur Louis Parent

23

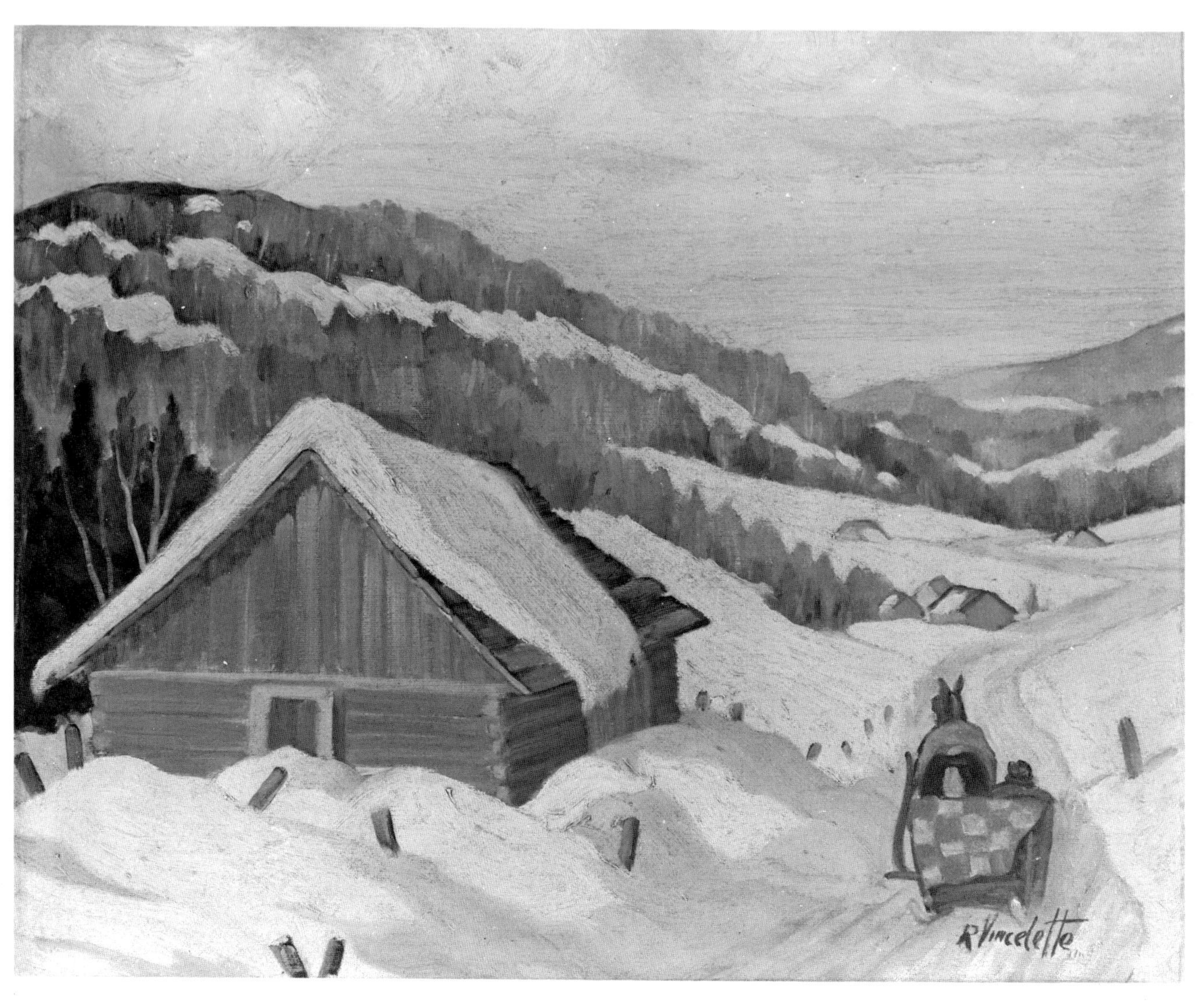

Promenade à la campagne, huile sur carton, 40,5 x 51 cm
Collection monsieur Jean-Pierre Vincelette

*Le premier mérite d'un tableau est d'être
une fête pour l'œil.*

Eugène Delacroix, 1798-1863

Dès ses premiers succès, Roméo Vincelette est admis au Club, très sélect, *The Arts Club of Montreal* [1] dont Maurice Cullen avait été le premier vice-président. Ce Club recrutait ses membres parmi les meilleurs artistes de Montréal. C'est ainsi que Vincelette se trouva au milieu de confrères du Club comme Adrien Hébert, son frère Henri Hébert, Clarence Gagnon, Robert Pilot, Holgate, Sheriff-Scott, Lorne Bouchard, Morency, deLall, Coppold, Ricketts, Brock, Albert Cloutier, Raine, Pfeiffer, Russell, Taylor, Lockart, Greenshields, Robinson, Jones et autres.

Au moment de son entrée dans ce *sanctuaire*, plusieurs des vingt-huit premiers membres sont encore là. Vincelette y fera vite sa place. Il en devient même le président du comité des expositions. Plus tard, il sera aussi vice-président du *Pen and Pencil Club*. En 1961, on le retrouvera au Centre d'Art du Mont-Royal où son activité sera débordante.

Pour l'instant, c'est une bonne période. Il travaille pour le Canadien Pacifique exécutant une série de tableaux importants, propriété de la compagnie. Les commandes ne manquent pas d'autre part. Il reste fidèle à la nature et ses voyages consacrés à l'art ne se comptent plus. Souvent, accompagné de son ami Louis Parent [2], il fera le tour de la Gaspésie (en voiture) et ses tableaux — dont le nombre augmente sans cesse — iront à la Banque d'Épargne de la Cité et du District de Montréal, à quelques grandes industries et aussi une énorme quantité à des collections privées.

Il est également invité à exposer ses toiles dans les multiples galeries et parmi les mieux cotées: Morency (Québec et Montréal), Klinkhoff, Margot Fisher, Michel Champagne (Québec), Dominion, Watson, l'Art français (où Louis-A. Lange l'accueille plusieurs fois), le Centre culturel de la ville de Verdun, le Chanteclerc, le domaine de l'Estérel, etc. Comme le peintre n'a jamais tenu de registre de sa production, on est bien obligé d'écrire *et caetera*.

C'est à ce moment de sa carrière, longue et fructueuse, que l'on dit de lui qu'il est le chantre de la nature, qu'il la présente dans une pureté remarquable. Il traduit les teintes et les tons à l'infini pour ainsi dire, car il est amoureux, on le sait, de toutes les saisons québécoises (avec une petite préférence pour *le dégel*, comme il l'a avoué lui-même) et il suit, d'une certaine façon, une méthode chère à Cézanne qui affirme: «*Peindre d'après nature, ce n'est pas peindre l'objet, mais réaliser des sensations.*»

Au fond, c'est plutôt un monde qui l'habite. Il recherche sans cesse la grandeur et la simplicité tout ensemble. Il semble dialoguer avec le paysage. C'est une chose intime — presque caressante — qui se passe entre lui et la nature, lui offrant, en récompense de ses efforts constants toute son attirance, son incomparable tendresse, voire ses caprices toujours en gestation.

---

(1) *Aujourd'hui Club des Arts, rue Guy.*
(2) *Sculpteur du Chemin de Croix du Mont-Royal.*

Il ne s'est pas attardé aux divers courants des écoles en place. Pourquoi serait-il un peintre à la mode, un peintre révolutionnaire, chargé de mission? Pour lui, la seule mission authentique est de peindre ce qu'il voit. Quant à l'interprétation, il n'y croit que dans la mesure où elle peut servir la création. Il préfère la suggestion. Il saisit la perception d'un moment qui passe et ne reviendra peut-être plus. Parfois, le soleil joue à cache-cache avec les arbres dans les sous-bois. Il capte les nuages fuyants et s'en sert pour les suivre vers d'autres horizons encore plus loin: quelle dimension cela donne à certains de ses tableaux! C'est en travaillant ainsi et sans relâche que son art atteindra une grande maturité. Cet amant de la nature, comme on l'a souvent appelé, reste fidèle au dessin très sûr, à la couleur chaude et tendre à la fois, enfin à tout ce qui procède de la création vivement authentique. C'est un peu pour cela que, sans s'opposer farouchement à un certain courant généralisé qui caractérisait — et même marquait — une certaine époque, il préféra s'abstenir et travailler de plus en plus seul. Drapé dans une sorte de conformisme? Non! Plutôt désireux d'être libre, fier, vrai, autonome. Bien sûr, cela a pu contribuer à l'isoler d'un milieu dont les idées et les gestes surtout ne cadraient pas avec son état d'âme si particulier, si personnel pour tout dire.

Sous son pinceau rapide et habile, les toits des maisons campagnardes sourient en hiver. Il sait rendre la douceur ample de la neige. Il se fait magicien avec le naturel des couleurs et la transparence de l'eau qui non seulement l'émeut mais toujours le fascine. Il excelle aussi dans les scènes de rues dont il découvre le mystère accroché, semble-t-il, aux pierres grises ou roussâtres, aux murs délavés des maisons portant le poids des ans et des souvenirs de ceux qui jadis les habitaient, aux lampadaires impassibles et distraits. Si la peinture le passionne, il s'adonne quelquefois à la céramique, à la poterie, avec son ami Louis Parent. Il fera de nombreuses esquisses que l'on trouve un peu partout chez des amis ou connaissances. Aussi des pochades qui constituent par elles-mêmes des tableaux. Également quantités d'études d'arbres, de cours d'eau, de dégel [1].

C'est la période heureuse pour lui. Elle durera plus de vingt-cinq ans. Mais si l'on se souvient qu'il peignait dès 1929, cela ne laisse plus aucun doute sur la durée de son activité dans le milieu artistique de Montréal, du Québec, c'est-à-dire cinquante ans de présence dans l'art pictural québécois.

Personne ne s'est tellement préoccupé de ce cinquantenaire de vie artistique fort active, à ce jour, comme il est aussi vrai que Vincelette, ayant toujours vécu un peu à l'écart, n'ait pas attiré sur lui l'attention de ceux qui pourraient le destiner à une reconnaissance importante de son pays.

Son œuvre, si l'on veut bien l'examiner de près, rejoint celle de maîtres comme Clarence Gagnon, Stanley Cosgrove, Marc-Aurèle Fortin, René Richard. Ce n'est pas essentiellement la même facture, mais c'est la même sincérité, la même hardiesse et aussi le désir infrangible d'aller plus loin, de franchir les étapes, d'atteindre le but, d'influencer une génération peut-être? Vivre d'exaltation quoi!

____

(1) *Il affectionne ce sujet.*

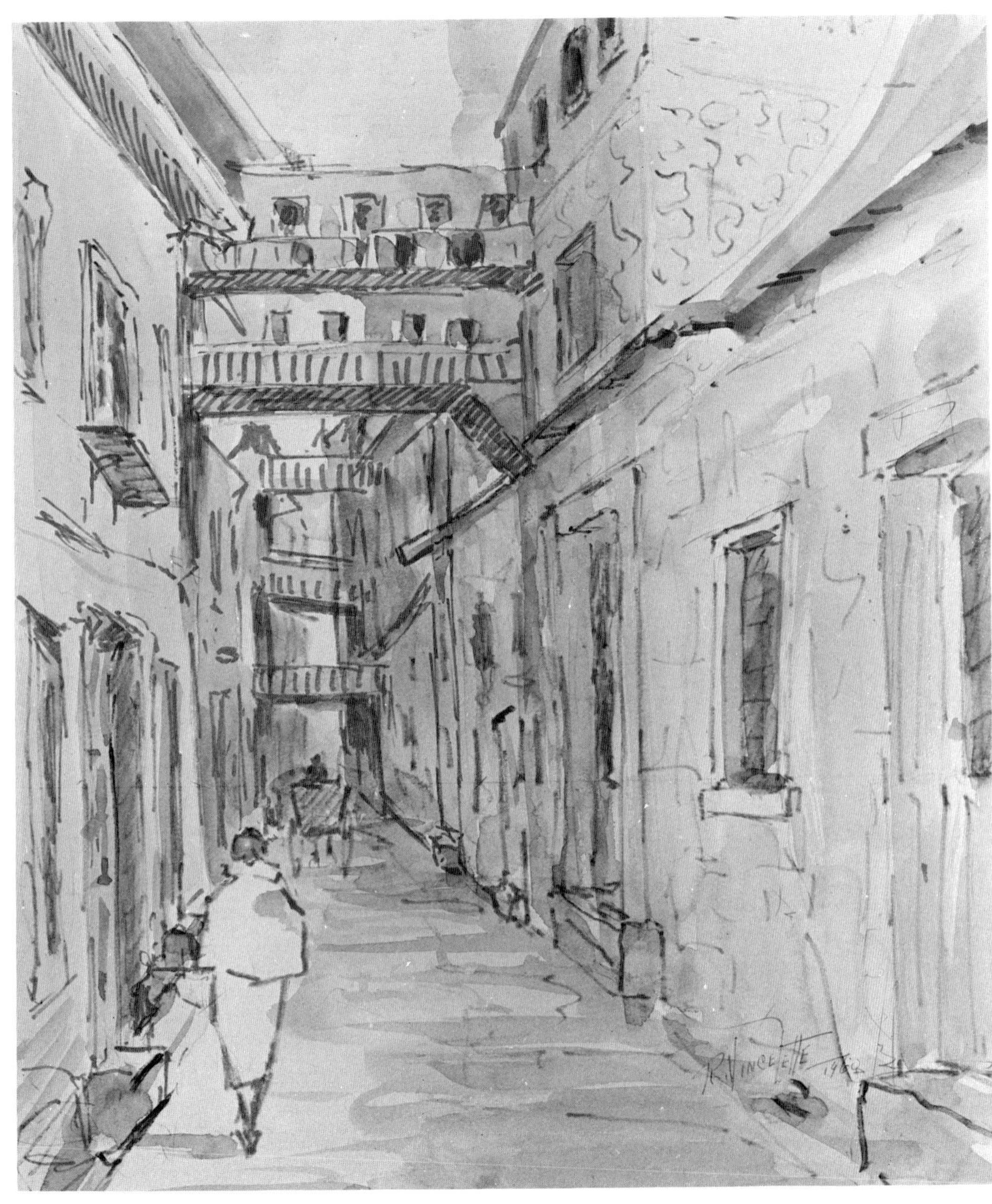

Rue sous le Cap
Québec 1960
Aquarelle
43 x 37 cm
Coll. particulière

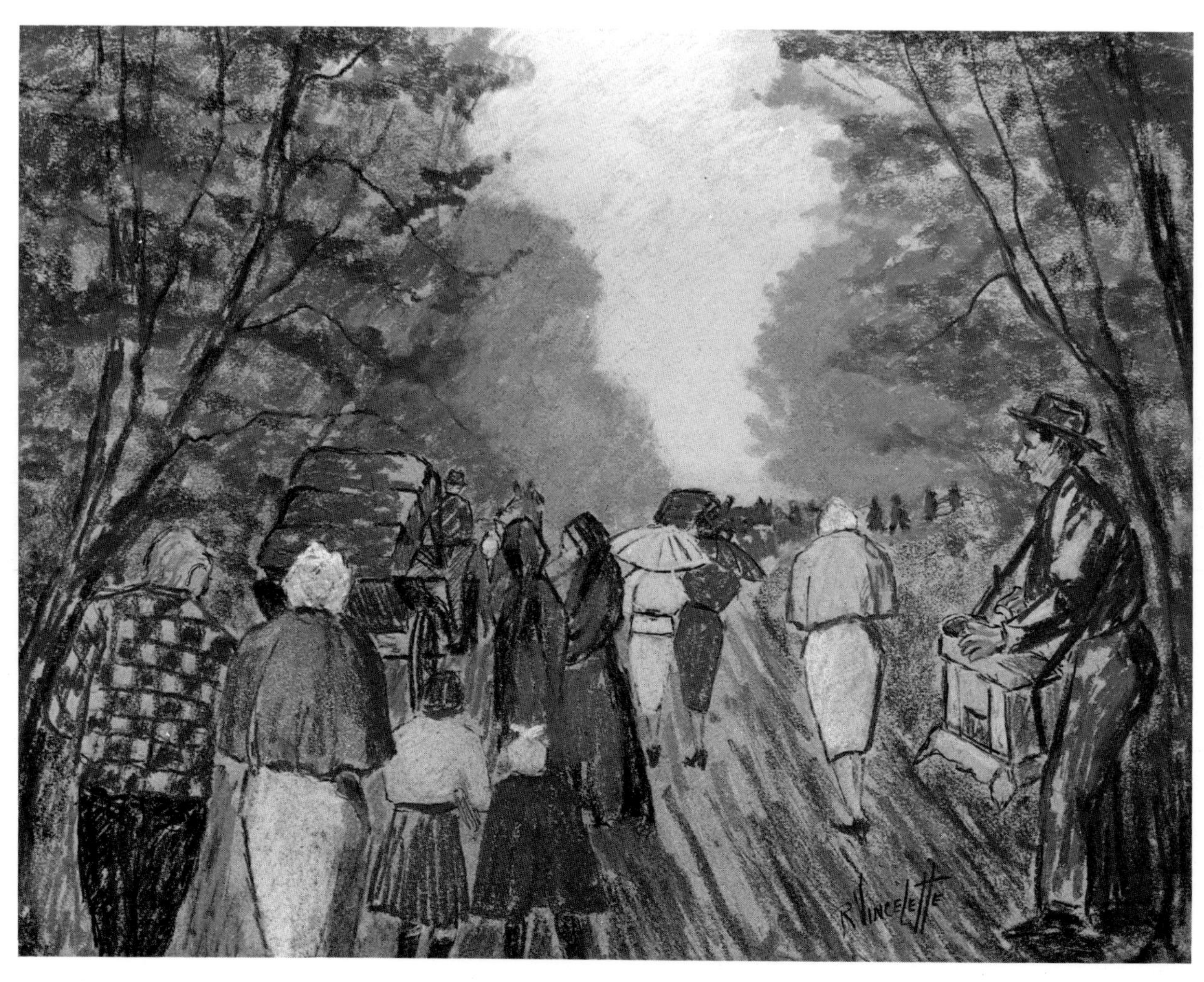

Soir de concert à la montagne, 1957, pastel, 65 x 49,5 cm
Coll. M. Denis Goulet

Quand la couleur est à sa richesse, la forme est à sa plénitude.

Paul Cézanne, 1839-1906

Vincelette avait accompli un travail apprécié de tous pendant les années qui le virent membre du *Arts Club of Montreal* et président du comité des expositions.

Ce Club, alors situé rue Victoria, à proximité des établissements Eaton, était fréquenté par les peintres les mieux cotés de l'époque. Pendant son mandat de président du comité des expositions, il approuva le vernissage des peintres en renom et aussi de ceux de la génération montante dont il savait déceler le talent prometteur.

Dans le passé, le Club recrutait ses membres parmi les peintres. Les cadres ont été élargis depuis. On y accueille aujourd'hui des littérateurs, des musiciens, etc.

Mais la carrière de Vincelette va prendre une autre orientation. Un document officiel du Service des Archives de la ville de Montréal nous apprend que, le 12 octobre 1961, Roméo Vincelette est nommé au poste de moniteur spécialisé à la division de la récréation et que ses services doivent être retenus à l'occasion des expositions qui se déroulent à l'île Sainte-Hélène: ceci dit dans le jargon administratif.

Il est en quelque sorte gardien, surveillant, responsable, sous la direction de M. Jean Bertrand. On sait que M. J.-P. Champagne, directeur du Service des parcs de la ville de Montréal, a été la cheville ouvrière de l'ouverture du Centre d'Art de la montagne. Roméo Vincelette y travaillera dix ans et habitera le logement au-dessus du Centre lui-même. C'est une magnifique maison de trois étages construite en 1858 par M. Hosias Ballu Smith. [1] Il y avait une ferme attenante de 184 arpents. La ville de Montréal a acquis cette maison en 1872, pendant le mandat à la mairie de l'honorable C.-J. Coursol. [2] Dès 1874, il y a un surintendant nommé McGibbon. Il vit dans la maison jusqu'en 1900. Puis, ce fut M. Anderson qui le remplaça jusqu'en 1933. Le rôle d'évaluation de la ville nous apprend que la maison et les dépendances demeurent la propriété de la ville sans plus. Mais en 1941, la maison devient un poste de police dont le travail est un peu spécialisé (*policiers skieurs, ambulanciers, etc.*) jusqu'en 1961. Deux ans plus tard, c'est l'ouverture officielle du Centre d'Art de la montagne, le 23 janvier plus exactement.

Pendant le séjour de Vincelette au Centre, on présenta des expositions de Clarence Gagnon, Marc-Aurèle Fortin, René Richard, Léo Ayotte, Giunta, des œuvres de Suzor-Coté (mais pas une exposition), le peintre Adrien Hébert, le jeune graveur Richard Lacroix arrivant d'Europe à ce moment-là. Il serait fallacieux de dire que la montagne hantait notre peintre Vincelette, voire qu'elle l'habitait. De grand matin, il arpentait les sentiers en tous sens. Il y peignait de longues heures, car il est encore robuste à soixante ans. Il n'est pas exagéré de dire que plusieurs centaines de scènes du Mont-Royal ont été peintes par lui à cette époque. C'était celle où l'Orchestre symphonique de Montréal donnait des con-

---

(1) *Ce monsieur Hosias Ballu Smith, riche marchand de Montréal, avait fait construire cette maison dans la montagne pour lui et sa famille, comptant fuir ainsi une grave épidémie de variole qui sévissait à Montréal cette année-là. Tous les murs ont trois pieds d'épaisseur.*

(2) *La ville de Montréal en fit l'acquisition au coût de 110,000 $.*

certs sur l'immense esplanade, face au Chalet. Vincelette n'allait pas laisser fuir l'occasion. Il peignit des scènes de concerts et de récitals. L'auteur en a vu au domicile de l'artiste Margot Hébert, émailleuse, qui faisait partie de l'équipe du Centre. Elle enseignait, à ce moment-là, à l'école des Arts et Métiers.

* * *

Vincelette sent-il le temps lui échapper? Trouve-t-il que ses forces physiques diminuent? Il se garde bien d'en parler. L'amant de la nature résiste de son mieux. Cela durera dix ans et ce sera une grande période productive de sa vie. Il partagera son temps entre des randonnées dans la montagne, son travail en atelier, et les visites régulières à Yvonne Séguin que la maladie vient d'atteindre. Il y sera fidèle jusqu'à la fin. Elle mourra le 8 juin 1965.

Il s'arrête un moment pour reprendre avec plus de vigueur comme si les jours lui étaient comptés. Il s'accroche à son art premier, le paysage. Le critique d'art montréalais, Paul Gladu, reconnaît en lui un peintre qui n'eut pas toujours la Chance à ses côtés. Devant les tableaux de Vincelette, il s'exprime ainsi: «*L'œuvre de Vincelette est un véritable défi aux amateurs de chocs et de produits bâclés. Comme un roc s'opposant aux marées, il communique les images d'un sentiment vieux comme le monde.*»

En 1968 (il est plus de minuit), Vincelette entre de plain-pied dans une grande exposition-rétrospective où l'on retrouve Alfred Pellan, Suzor-Coté, Gécin, Leduc, Voyer, Lemoine, Ferron, Gadbois, Roberts, Mongeau, Petit, Cosgrove, Barrett et Bellefleur.

Il aura d'autres joies!

Comme d'autres grands peintres, dans la série *Peintres du Canada*, la Maison William E. Coutts (marque déposée Hallmark) choisit quelques paysages de Vincelette pour faire imprimer des cartes-lettres (année 1964).

Dans les années 1960-1971, Vincelette a rencontré Jean-Jacques Servan-Schreiber qui lui acheta quelques tableaux. En 1971, sœur Anselme et sœur Anne — de la maison de retraite Angelica — voyagent en France. Elles lui apportent un tableau de Vincelette. Voici copie de la lettre qu'il reçut de Jean-Jacques Servan-Schreiber à cette occasion.

ASSEMBLÉE NATIONALE
6, Place de la Carrière
54 — NANCY

RÉPUBLIQUE FRANÇAISE
Liberté — égalité — fraternité

Paris, le 10 avril 1971
Nancy.

Cher Monsieur,

J'ai été plus que touché par le présent magnifique que Sœur Anselme et Sœur Anne m'ont apporté de votre part.

J'ai mis ce tableau dans mon bureau à Nancy d'où il éclaire un peu la Lorraine.

J'espère que vous serez l'un des premiers à pouvoir profiter de la maison moderne que nous espérons voir se créer à Nancy grâce au génie particulier des Sœurs de Marie-Clarac.

Et ainsi nous aurons de votre signature des tableaux sur la Lorraine qui feront date.

Avec mes sentiments respectueux et reconnaissants,

Jean-Jacques Servan-Schreiber

Monsieur Vincelette
Maison de Retraite Angelica
MONTRÉAL NORD
Québec
Canada

En 1976, Jean-Pierre Légaré lui rend ce témoignage dans *L'Information médicale et paramédicale* (édition du 17 février), dirigée par le docteur Lorraine Trempe, m.d. Une vignette de la maison illustrait l'article:

«Je regarde le tableau «pastellé» de Roméo Vincelette sur le mur de mon petit salon vert et je sais maintenant que les choses belles ne meurent jamais, ayant puisé leur immortalité à la source même de l'amour. Ma vieille maison normande, toute grisâtre par le froid de l'hiver qui approche, affronte calmement ce vent d'automne qui secoue les vieux arbres, ses compagnons de toujours. Plus rien ne semble retenir la petite boîte aux lettres qui jadis, au temps où les propriétaires habitaient les lieux, apportait les bonnes ou mauvaises nouvelles. Des fenêtres aux rebords orangés laissent présumer que la maîtresse de maison avait du goût. Devant la maison, deux arbres centenaires livrent un étrange combat: l'un, au feuillage encore vert, semble poser la primauté de l'été sur l'automne; l'autre, à la chevelure rousse, a déjà succombé. Derrière la maison, un horizon s'étire comme un matin d'une longue nuit.»

Pourrait-on mieux décrire un tableau de Roméo Vincelette?

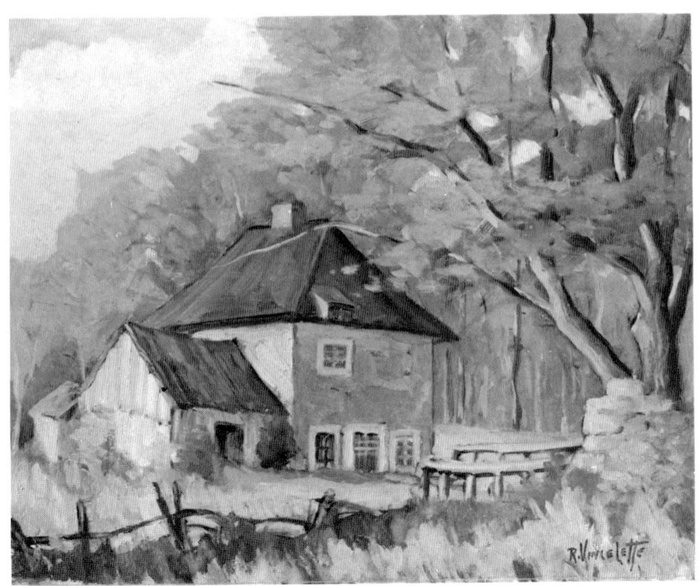

Vieux manoir de Sainte-Rose, 1959
Huile sur masonite, 40,5 x 51 cm
Coll. monsieur René Pépin

Je n'ai pas voulu faire des tableaux au sens pompeux du mot, mais seulement des images coloriées où chacun peut accrocher son rêve.

Roger Bissière, 1888-1964

La vie de Roméo Vincelette semble être une contemplation soutenue de la nature. Il s'éloigne volontairement de l'académisme et de ses voies. Il renouvelle, autant qu'il le peut, le traitement de l'espace, sans jamais trahir les arbres et les cours d'eau qu'il aime tant. Il semble se jouer des ombres et de la lumière, mais il ne minimise pas leur valeur ou leur importance dans un tableau. Son geste est spontané et le coup de pinceau très sûr, ce qui ne le rend pas plus audacieux qu'il ne le faut. Il a de la patience parce qu'il est fort.

Il se renouvelle moins souvent qu'il le voudrait, sauf il y a environ une quinzaine d'années, lorsqu'il se tourna vers le pastel. C'est à ce moment décisif de sa carrière qu'il donnera le maximum de son talent peut-être. Il deviendra l'un des rares sinon le seul pastelliste du Québec. Comment en est-il venu là?

On sait, en général, qu'après les portraits au pastel

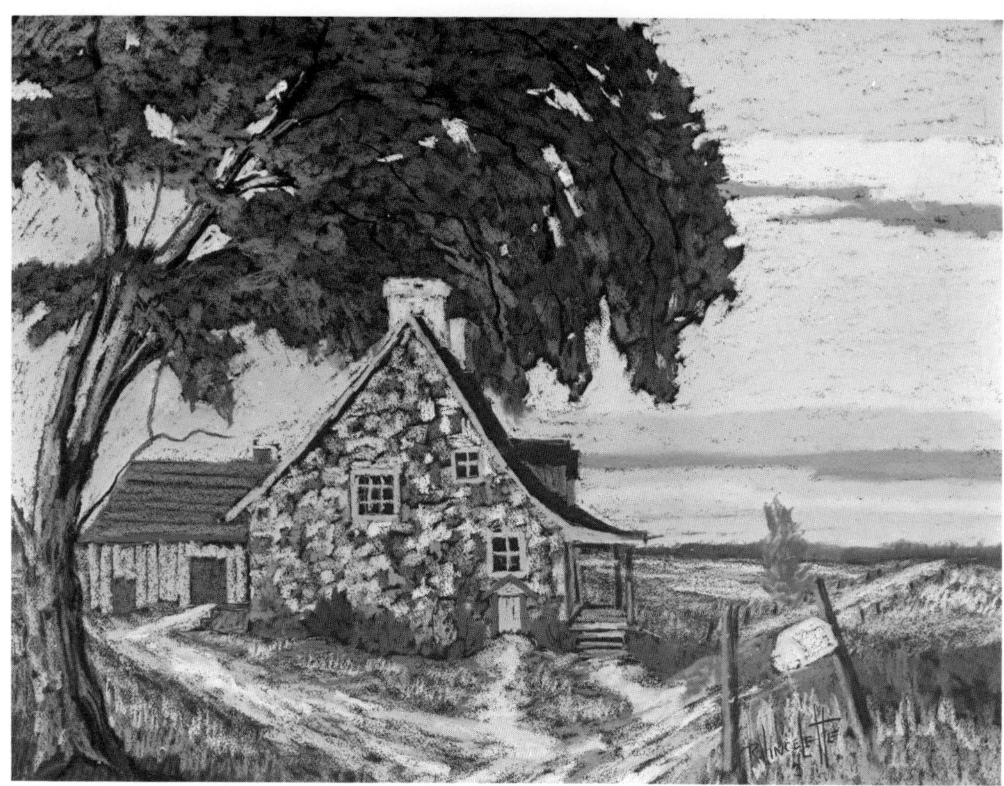

Vieille ferme
Montée des Sources
Pastel
49,5 x 65 cm
Coll. particulière

pour le moins prodigieux de Watteau, de Quentin de La Tour et de quelques autres, il y eut un vide assez profond de cet art que renouvelèrent, longtemps après, Degas, Renoir, Redon, Toulouse-Lautrec, Fantin-Latour et Monet.

Le pastel fut de nouveau mis de côté pour un temps indéfini. Oubli ou déchéance du pastel? Les explications seraient multiples. Mais est-ce que ce serait les bonnes?

Il y a, bien sûr, la fragilité du pastel. Il ne supporte aucune secousse pendant l'exécution. On a laissé croire, d'autre part, que seuls les talents timides et les peintres mièvres s'exerçaient à *ce jeu*.

C'est là un préjugé dont il faudrait absolument se départir, car à la vérité, on doit savoir dessiner pour travailler le pastel. Il ne tolère aucune reprise, aucune correction. Enfin, le pastel peut devenir un véritable réquisitoire contre un artiste dont on analysera l'œuvre un jour. Dans le cas de Vincelette, le réquisitoire se changera en plaidoyer. Il sera toujours digne de ses maîtres: Charpentier, Saint-Charles, Franchère, Dyonnet. Il sera toujours digne de ses amis dans l'art: Louis Parent, Stanley Cosgrove, Adrien Hébert, René Richard, Marc-Aurèle Fortin, et Frank Iacurto.

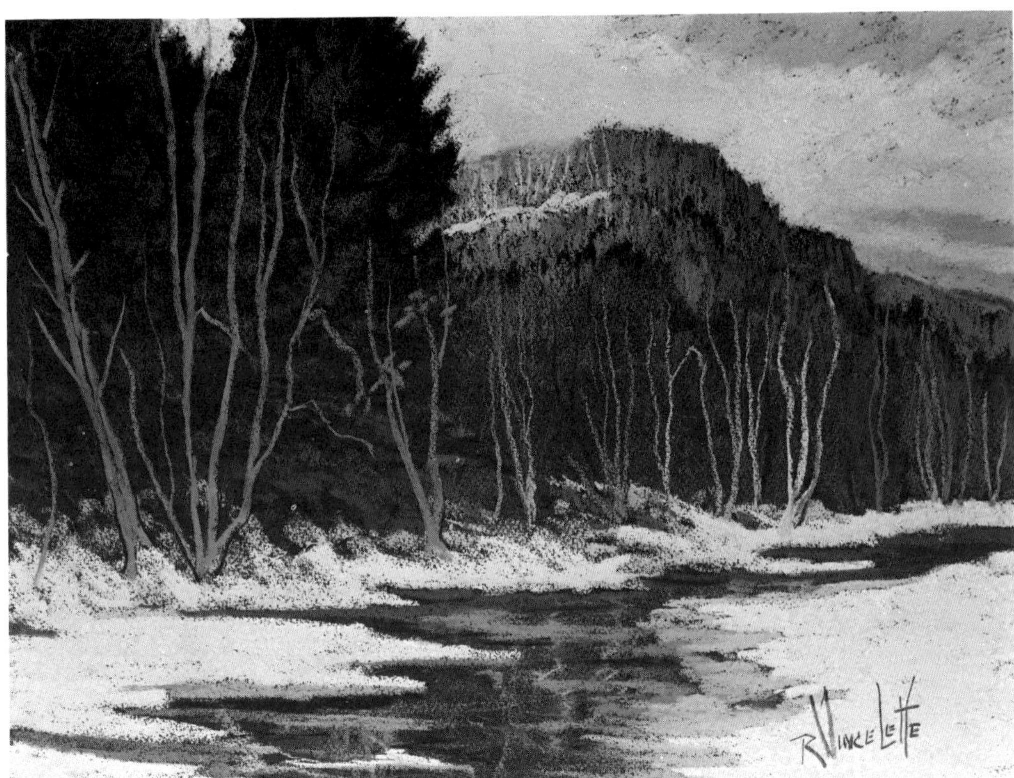

Coin tranquille
Pastel
30,5 x 40,5 cm
Coll. particulière

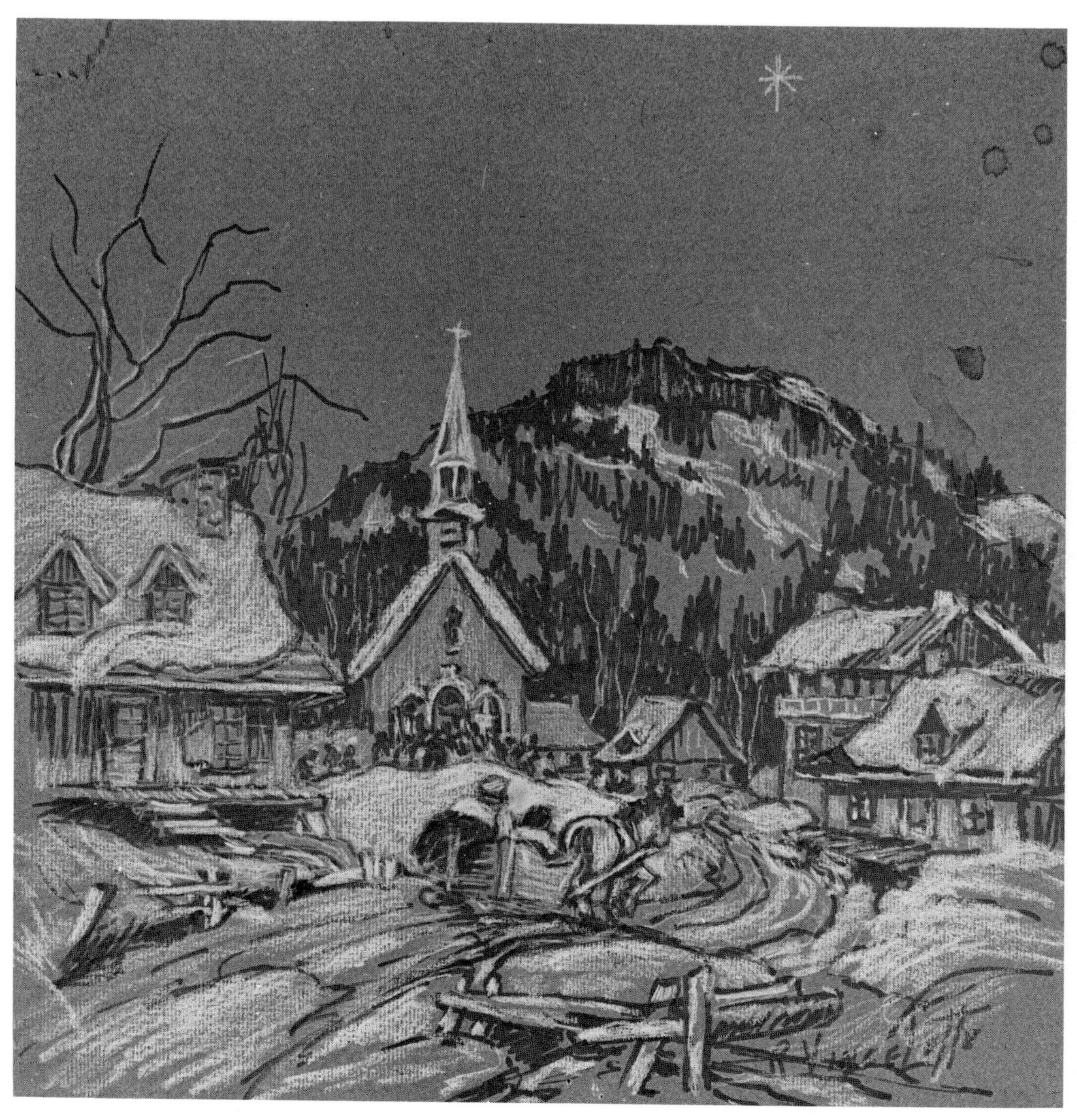

Noël au Québec, huile sur masonite, 40,5 x 40,5 cm
Collection madame Lysandre Vincelette

L'Art ne constitue pas une puissance, il n'est qu'une consolation.

Thomas Mann, 1875-1955

Nul autre mot ne saurait mieux coller à la réalité de Vincelette aujourd'hui, car peindre est bien l'une des rares consolations qui lui restent, sauf revoir ses amis.

Après dix années de travail intense au Centre d'Art du Mont-Royal (il a soixante-dix ans), il décide de s'éloigner du bruit et de la foule.

Il logera désormais à la maison de retraite Angelica [1] où les sœurs de Marie-Clarac lui feront un accueil chaleureux, amical et courtois.

Il y a deux ans, un malheureux accident réduit de beaucoup sa capacité physique de peindre. Il ne s'en plaint pas, car les religieuses — qui le connaissent déjà fort bien — lui avaient aménagé quelques années auparavant un petit atelier non loin de l'infirmerie. On le visite aux heures permises. Les plus fidèles sont Lysandre, sa fille; Mario Verdon, peintre, comédien et cousin germain de l'artiste, Louis Parent, Margot Hébert, et quelques autres.

*   *   *

Pour peindre un paysage, il faut être en gracieuse disposition de le faire. Il faut se rendre compte de la palpitation de l'espace, de ses vibrations dans tous les sens, de l'environnement, du choc des éléments sans aucun doute. Un paysage, si calme et si paisible soit-il, a tout de même la vie. Il faut donc la fixer sur la toile sans encercler son mouvement réel, sa densité, sa fluidité, car le décor aussi a besoin d'air.

S'il y a des lignes fuyantes, il faut les empêcher de fuir plus loin que l'horizon naturel, plus loin que la vérité du lieu qui s'offre aux yeux étonnés et ravis tout ensemble. Il faut savoir regarder et se laisser envahir par cette riche beauté de la nature qui parle. Que dirait-elle, que soufflerait-elle à l'oreille du peintre, selon ce qui lui viendrait à l'esprit? Ce quatrain peut-être:

Je change de visage et de saison
Mes ciels sont parfois lourds, parfois légers.
De loin, tu peux entendre ma chanson
Et de près sur la mousse t'allonger.

C'est presque l'aveu d'une sorte de complicité entre le peintre et le poète. L'œil voit! Le regard va beaucoup plus loin puisqu'il scrute, choisit, se débarrasse de telle ou telle incidence. Enfin, ce regard, s'il se veut critique, doit rejeter l'immatériel et retenir ce qui peut remuer l'âme, la sensibiliser aux couleurs intrinsèques du décor qui devient, peu à peu, une manifestation de l'être en émoi, car de celui-ci doit jaillir le fait pictural dont le peintre peut être ou ne pas être satisfait.

Les couleurs vives ne peuvent-elles pas communiquer l'allégresse comme les gris sombres provoquer la nostalgie? C'est une vérité qui se révèle d'abord, puis se constate. Lorsqu'on arrive à départager le rêve du vécu chez Vincelette, on le connaît enfin! Pour ma part, je crois qu'il ne cédera pas. Il ne s'arrêtera que lorsque le pinceau tombera de sa main.

*   *   *

---

(1) *À Montréal-Nord.*

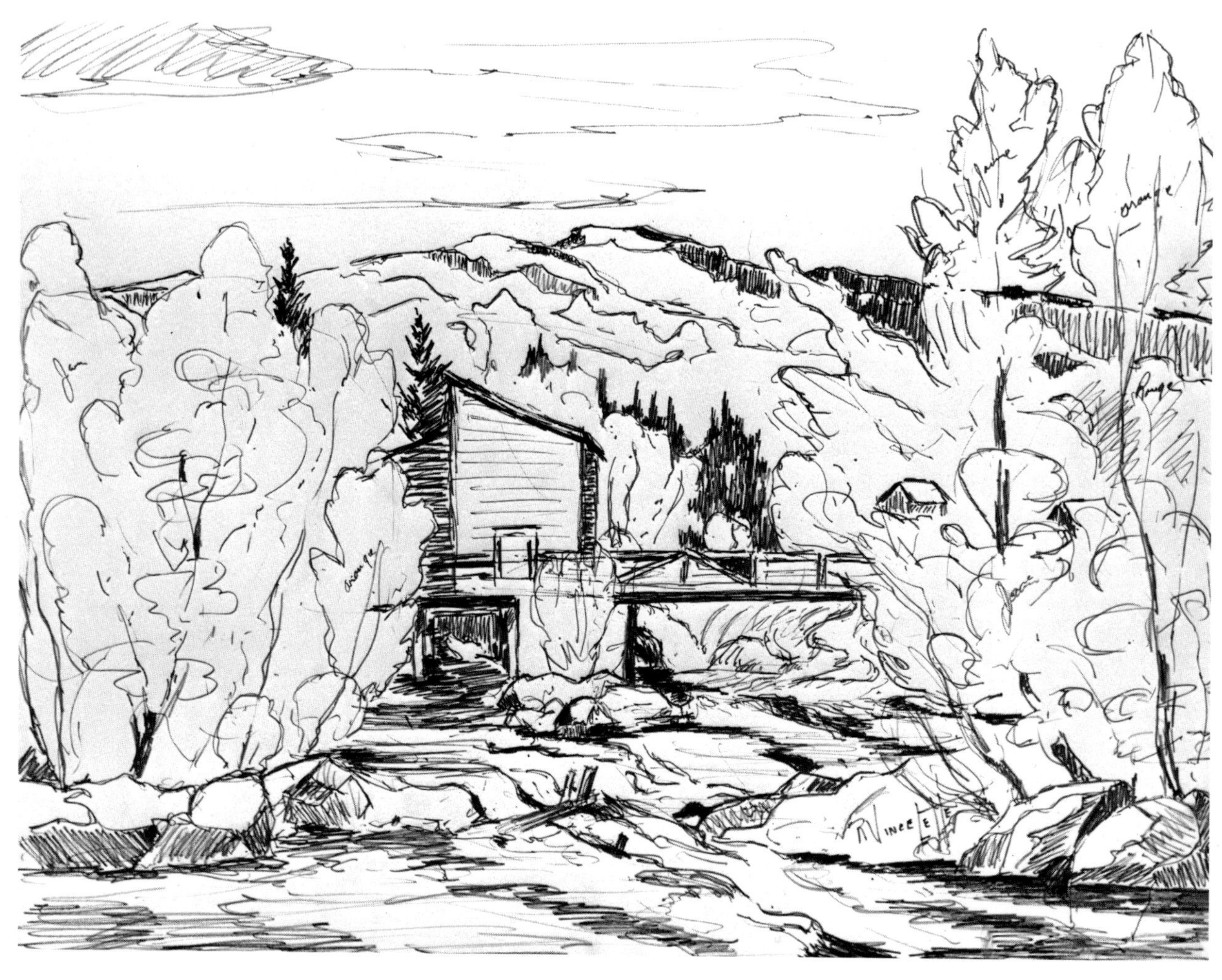

Paysage québécois, crayon et encre, 45,5 x 61 cm
Collection monsieur Mario Verdon

Ce n'est peut-être pas la fin...

Le dimanche 2 décembre 1979, Vincelette subit un malaise qui paraît grave. On le transporte de la maison de retraite Angelica (où il avait été probablement l'un des premiers pensionnaires) à l'hôpital Jean-Talon.

Le *résistant* ne se défend plus au bout de sept années de vigoureux combats contre le mal qui allait l'emporter. Le pinceau est tombé de sa main! Sa raison de vivre n'existe plus! Son cousin, Mario Verdon, (et fils spirituel, si l'on peut s'exprimer ainsi) constate les rapides progrès de la maladie, tout autant que l'artiste Margot Hébert qui ne le quitte pas. Le mardi soit 4 décembre, il n'est plus!

Ce départ brusque et sans bruit ressemble en tous points à la vie du peintre Roméo Vincelette. La reconnaissance *dite académique* lui aura été refusée comme à d'autres peintres au cours des temps. Je pense à plusieurs peintres qui n'emportèrent dans la tombe que leur talent réel et qui, de nos jours, ont leur place dans les grands musées du monde. Cette reconnaissance tardive leur était due.

Il serait souhaitable qu'il en fût ainsi de Vincelette, un grand pastelliste de notre époque qui disparaît.

Près de lui, à cette heure douloureuse, on a trouvé son ami, le peintre et sculpteur Louis Parent, auteur du Chemin de Croix de l'Oratoire du Mont-Royal et aussi de celui (*sur bois*) de l'église Saint-Nicolas, à Ahuntsic; Pierre-Paul Perron; Umberto Bruni; Michelle Tisseyre qui fut pour lui une seconde marraine et à l'origine de plusieurs de ses vernissages; André Morency; le peintre et comédien Mario Verdon; ses proches et ses amis.

Au moment où j'ai eu le privilège de rencontrer plusieurs fois le peintre Vincelette, en vue d'écrire cette courte biographie, il n'y avait aucun de ses tableaux à la Galerie nationale ni au Musée du Québec. Ce n'est peut-être pas définitif...

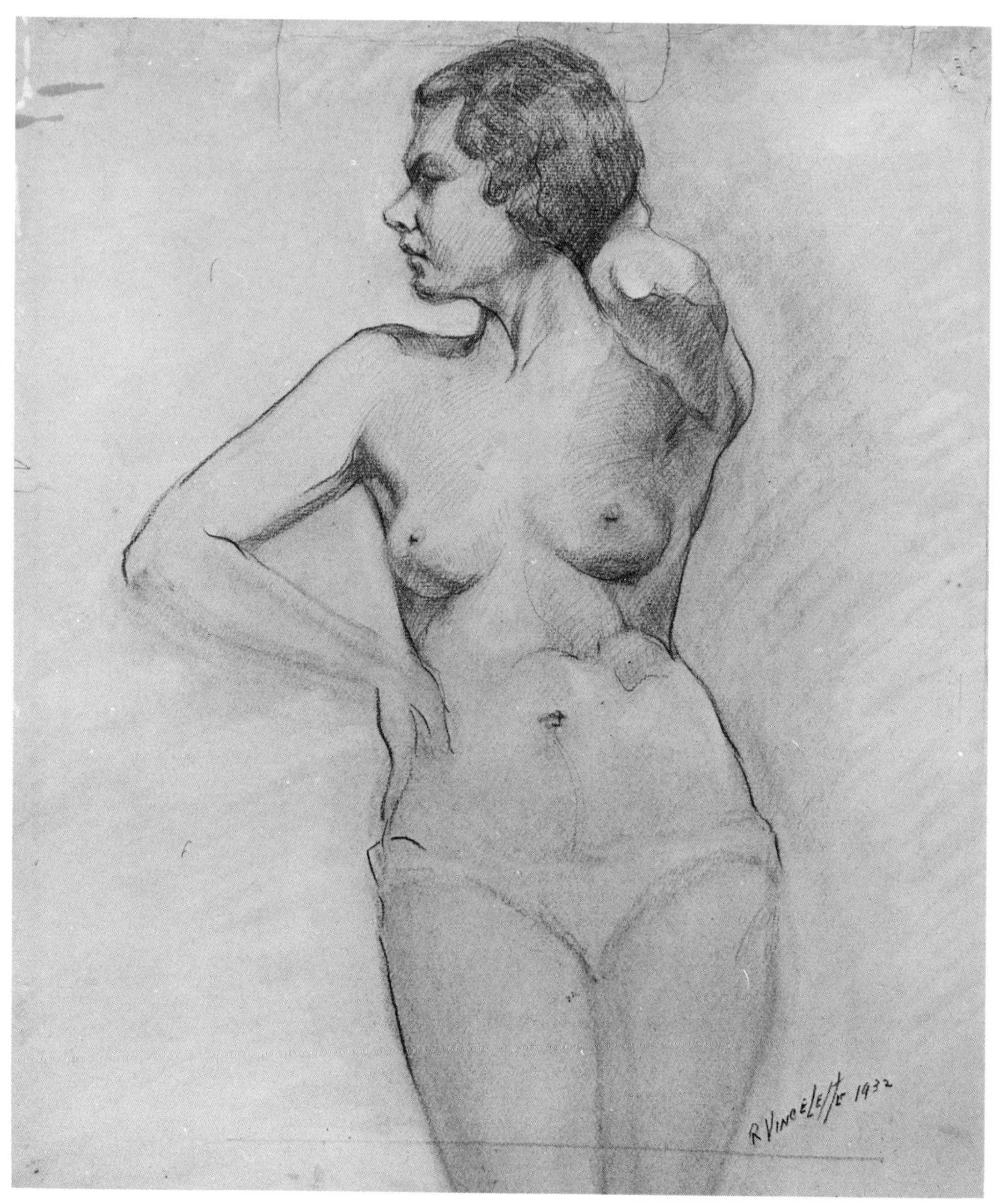

Nu debout, 1932
Pastel
35,5 x 45,5 cm
Coll. particulière

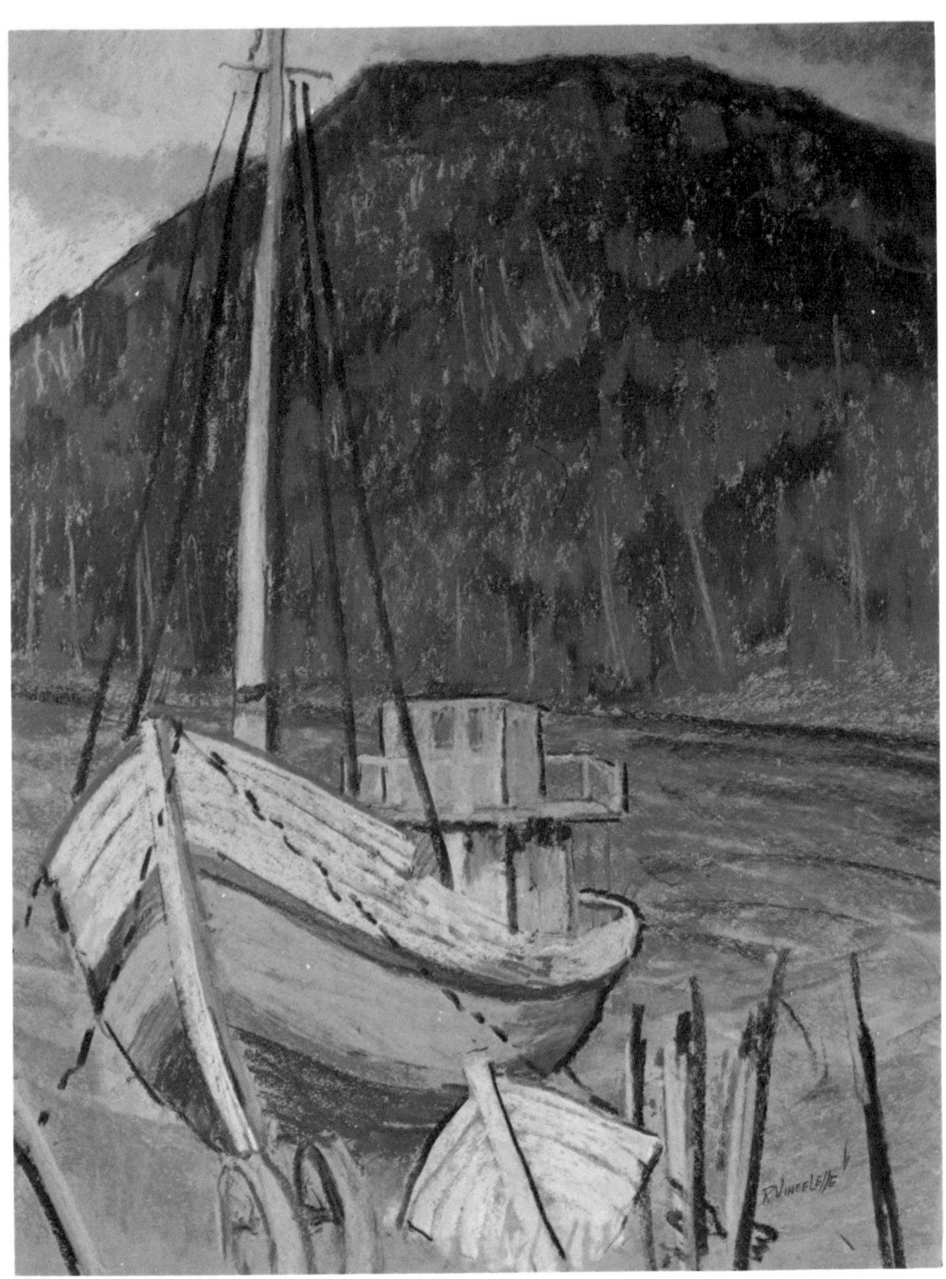

Port au Persil
Pastel
66 x 35,5 cm
Coll. particulière

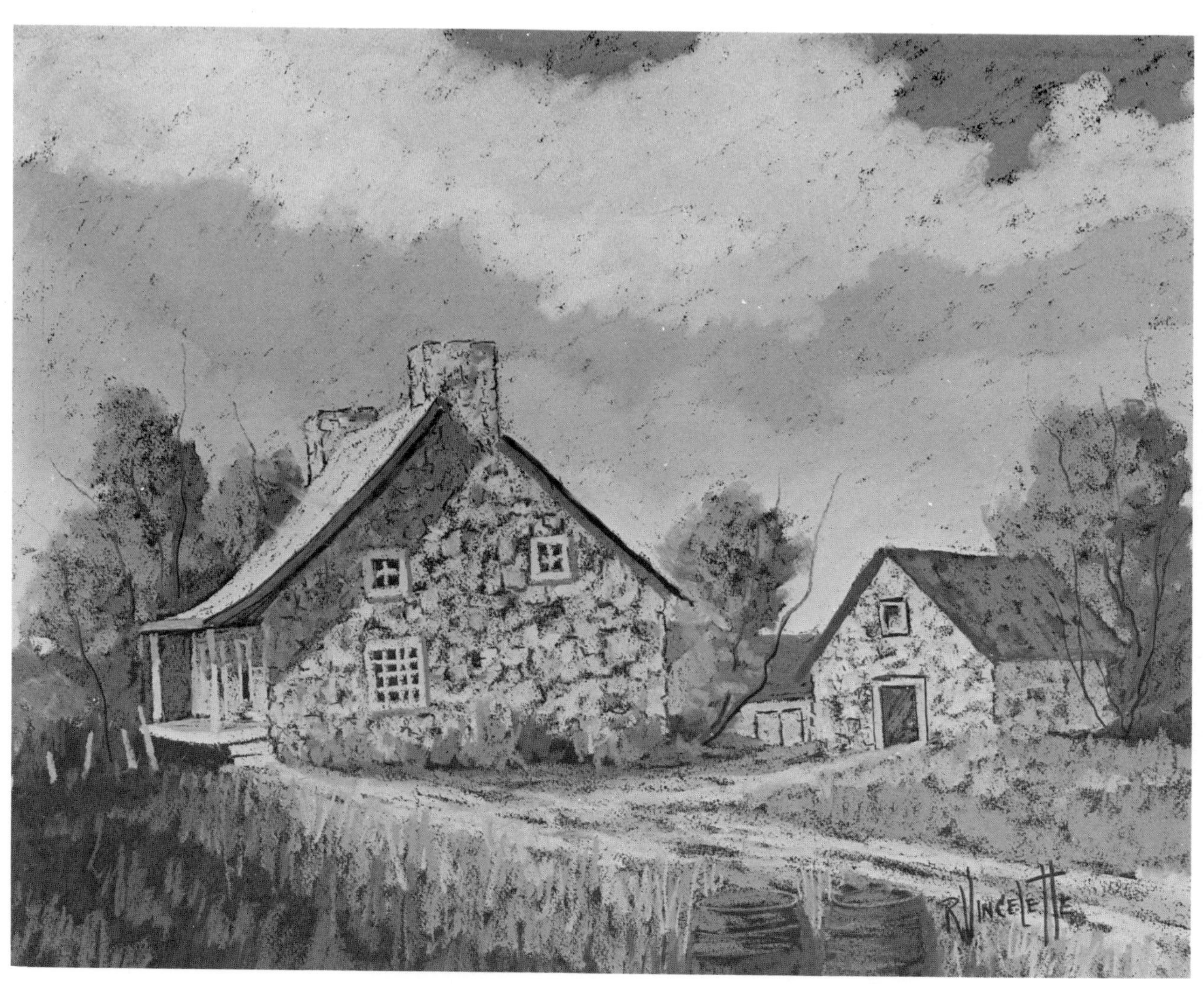

Maison de pierre, pastel, 40,5 x 51 cm
Collection madame Lysandre Vincelette

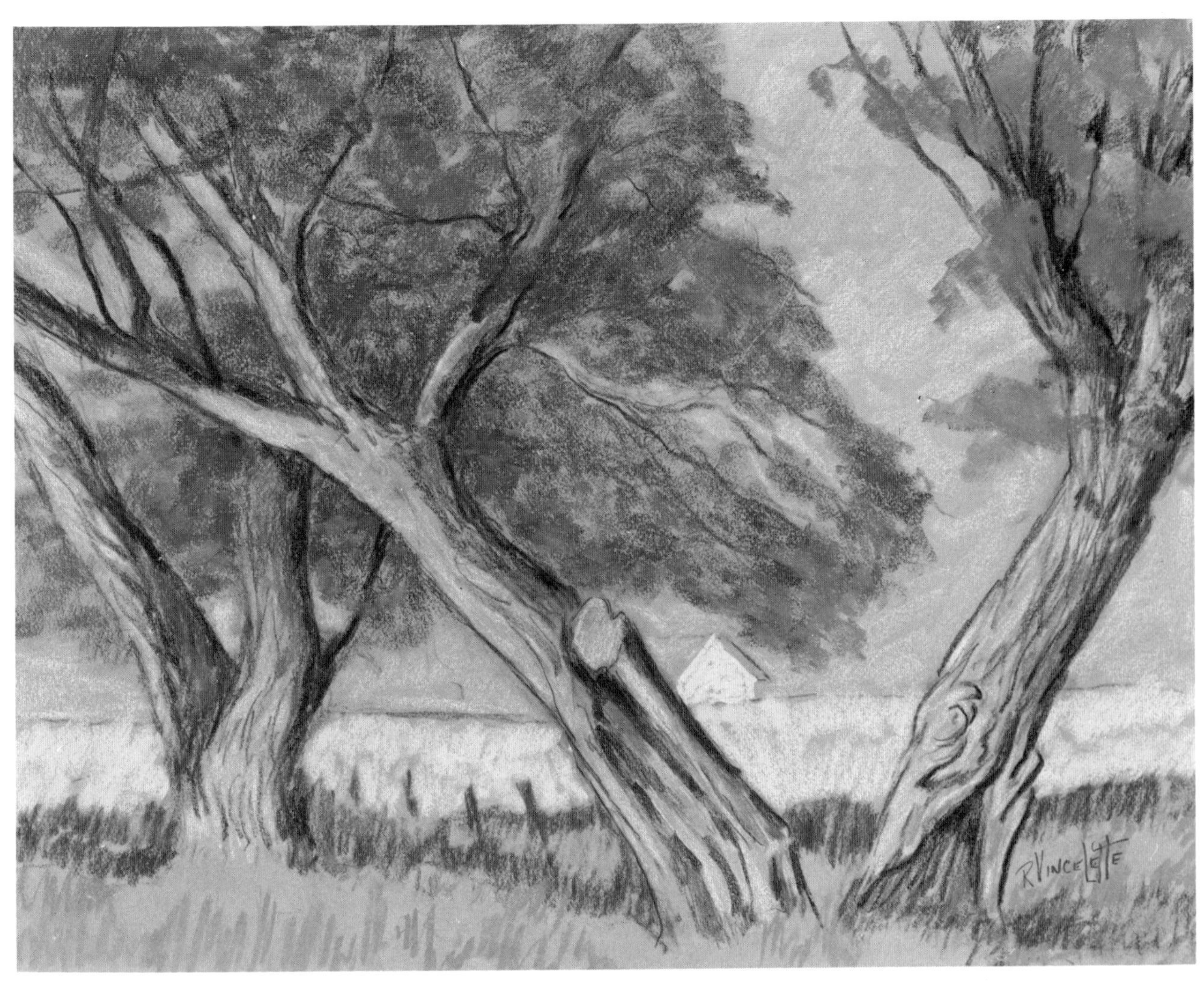

Varennes, pastel, 71 x 81 cm
Collection madame Margot Hébert

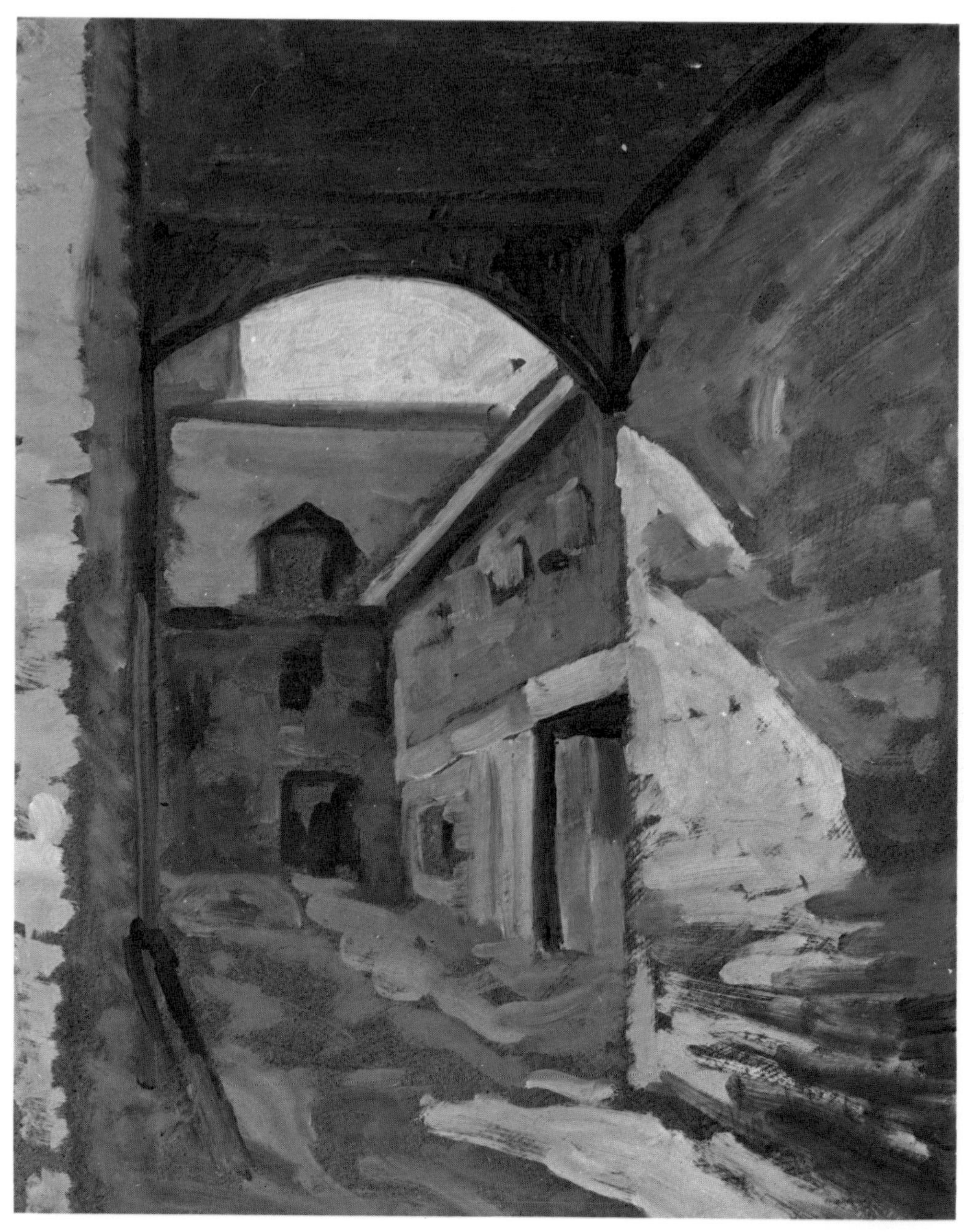

Scène du vieux Québec
Huile sur masonite
51 x 40,5 cm
Collection particulière

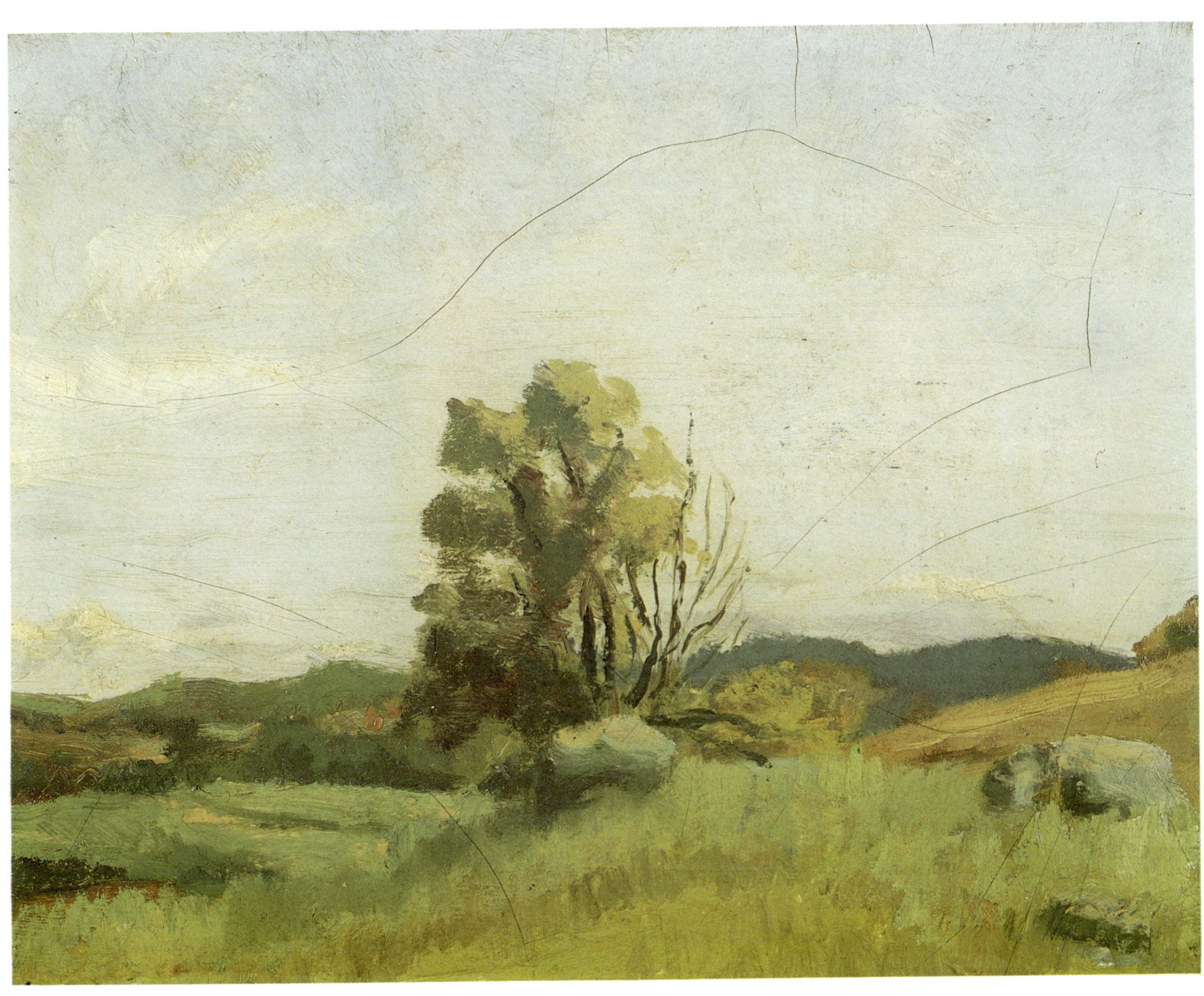

Arbre, première huile de l'artiste, 28 x 35,5 cm
Collection madame Lysandre Vincelette

43

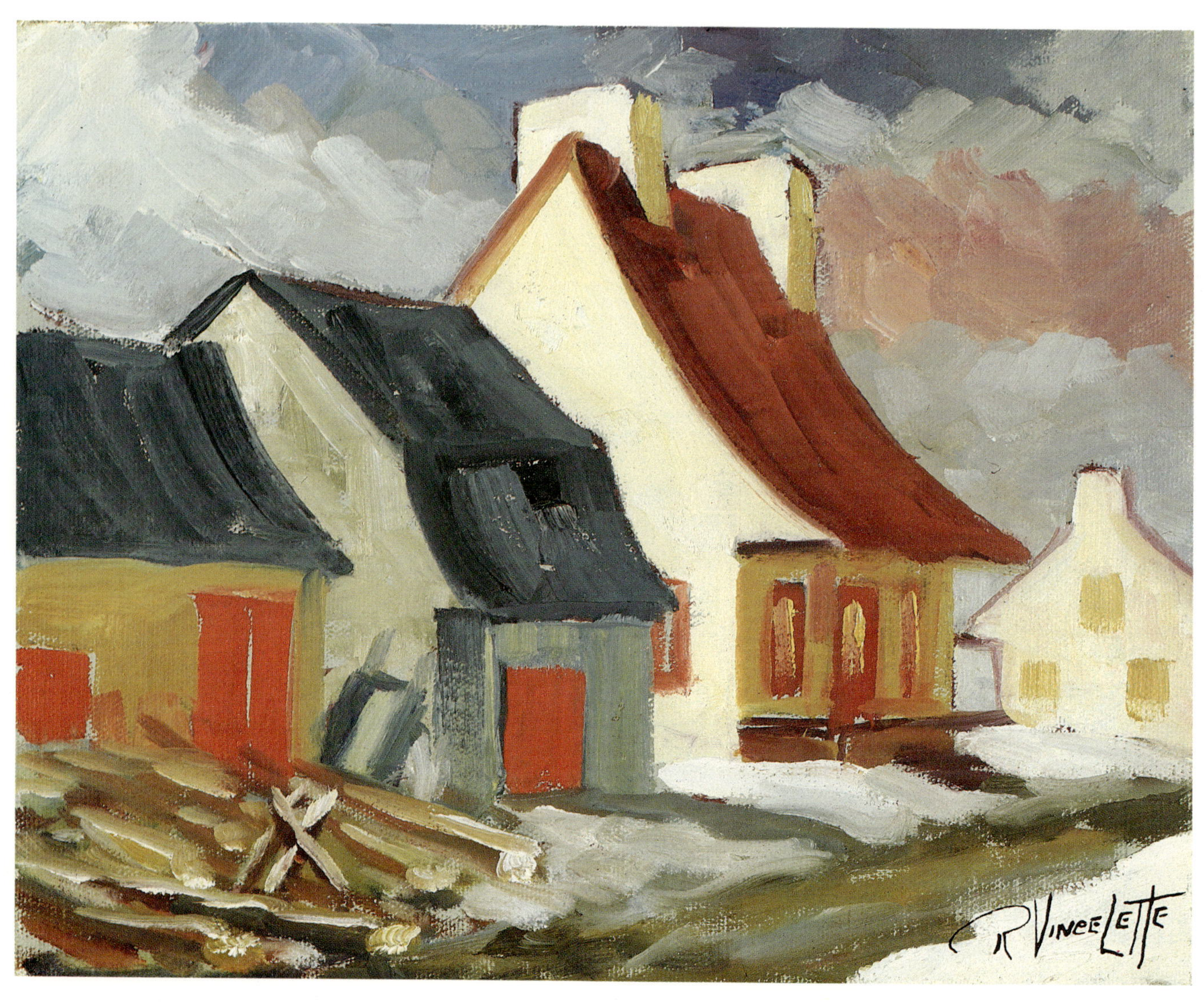

Scène de village, huile sur masonite
Collection Madame Michelle Cartier

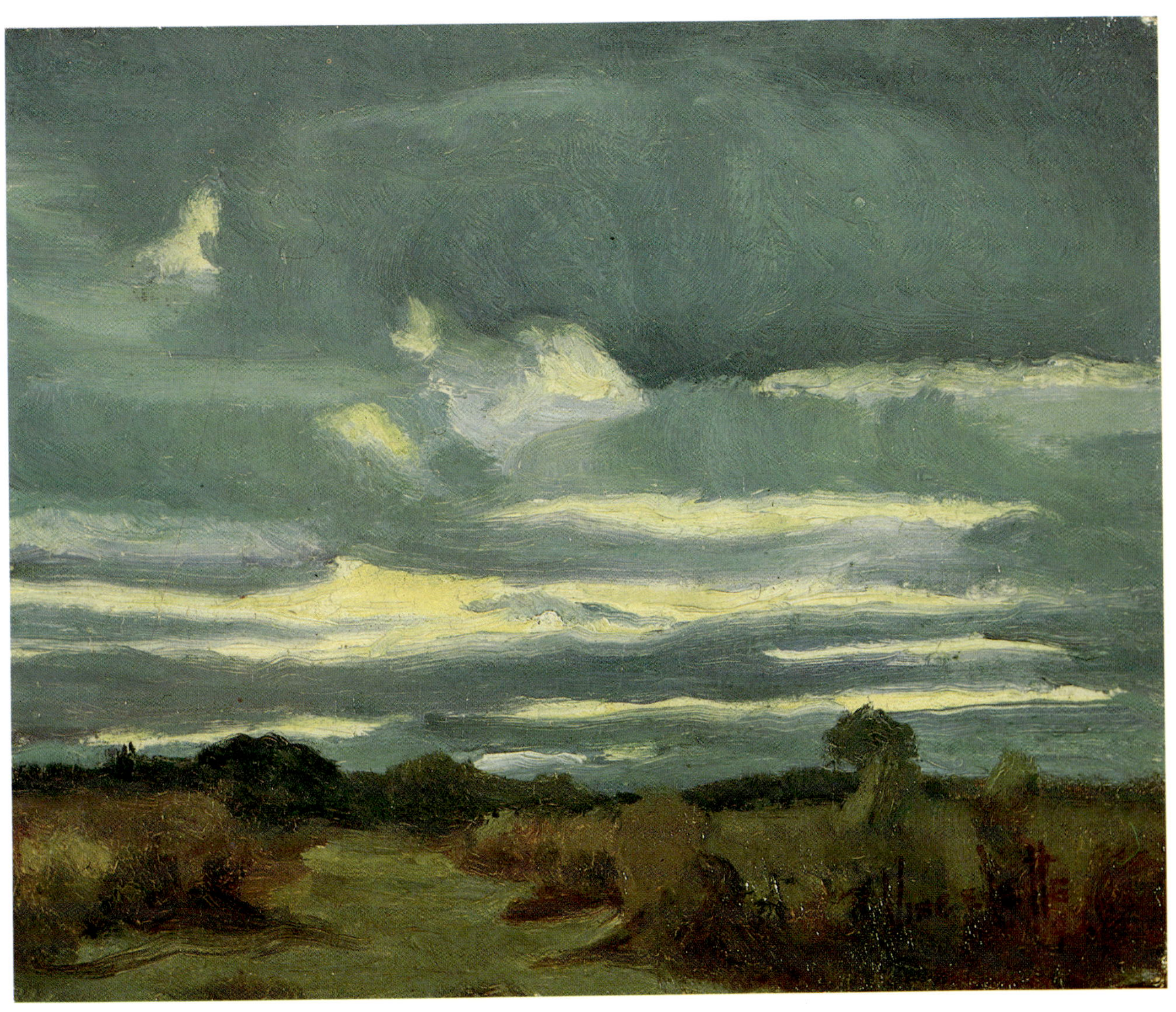

Fin du jour, après la pluie, 1920, huile sur masonite, 20,5 x 25,5 cm
Collection madame Lysandre Vincelette

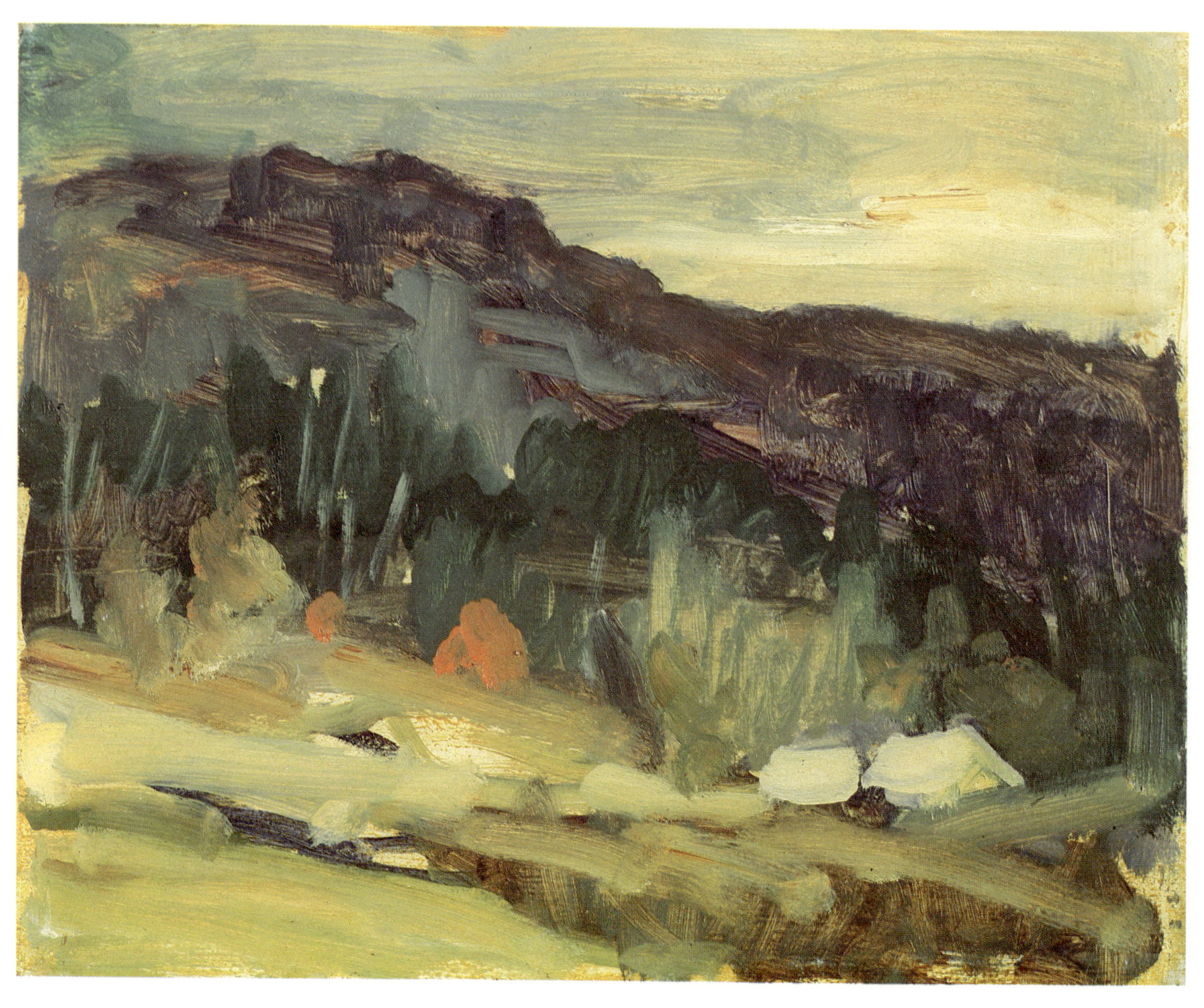

Les Laurentides, 1936, huile sur masonite, 20,5 x 25,5 cm
Collection particulière

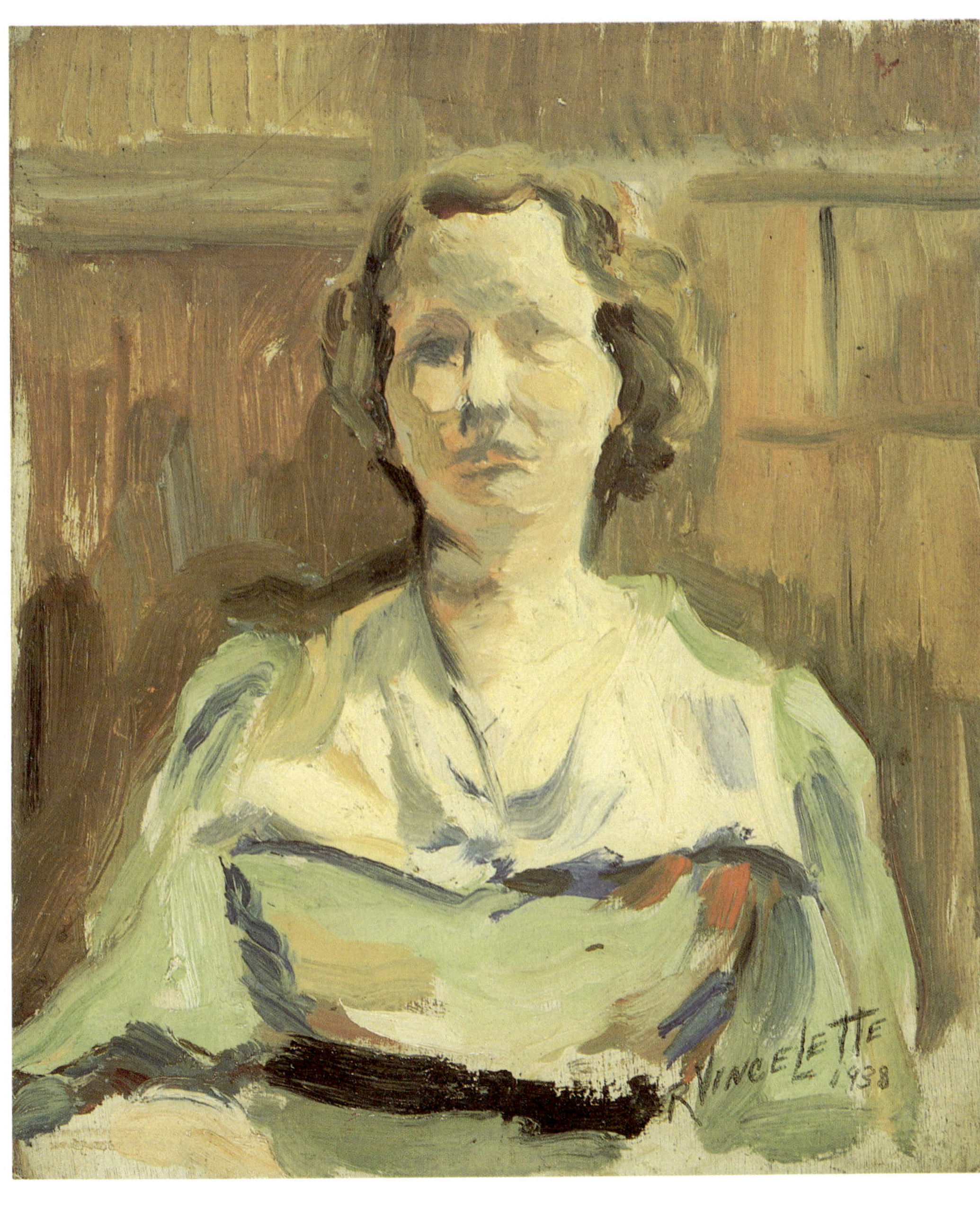

Ingénue, 1938
Huile sur masonite
17,5 x 20,5 cm
Coll. particulière

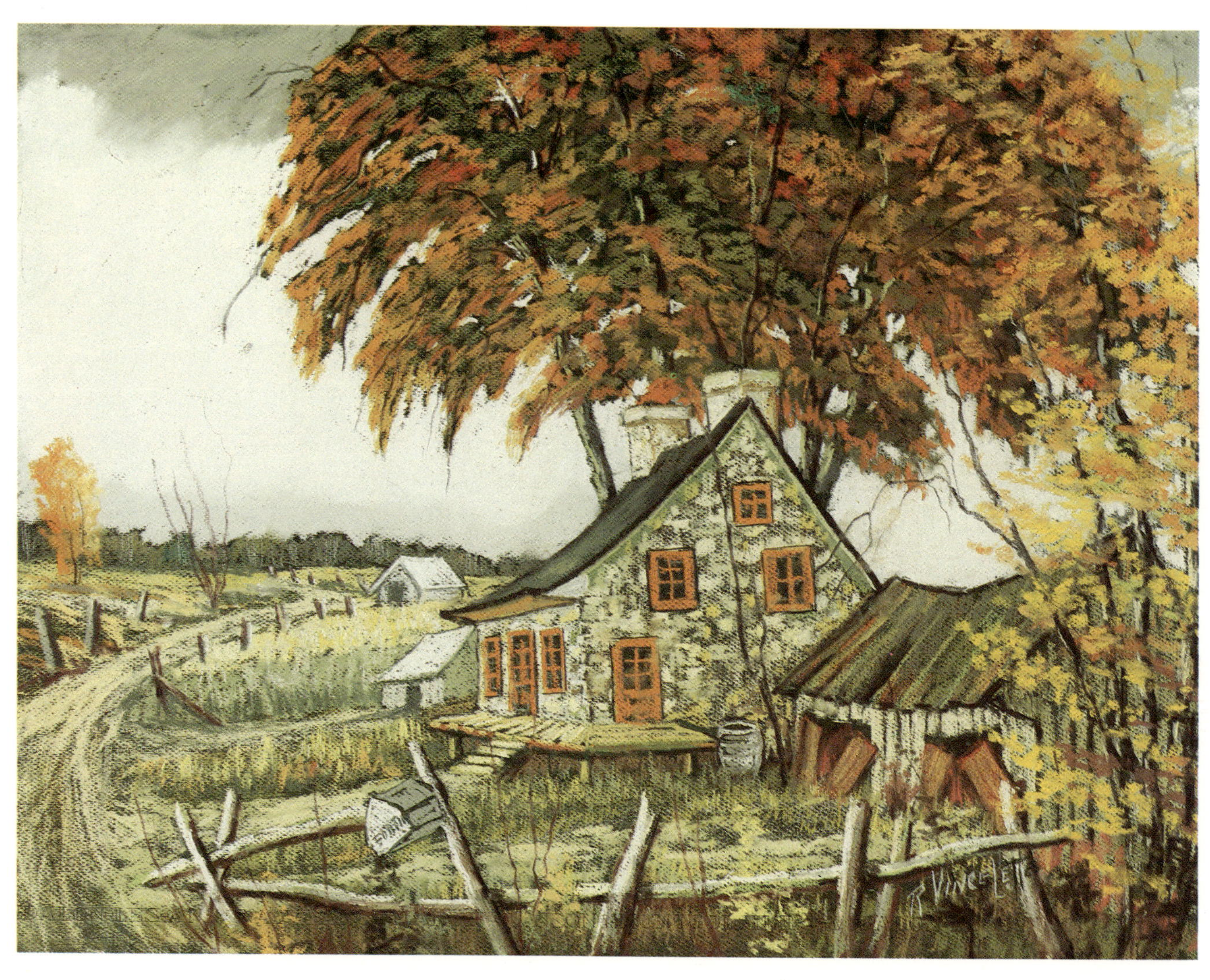

Maison de Marc-Aurèle Fortin, Sainte-Rose 1938, pastel, 49,5 x 65 cm
Collection particulière

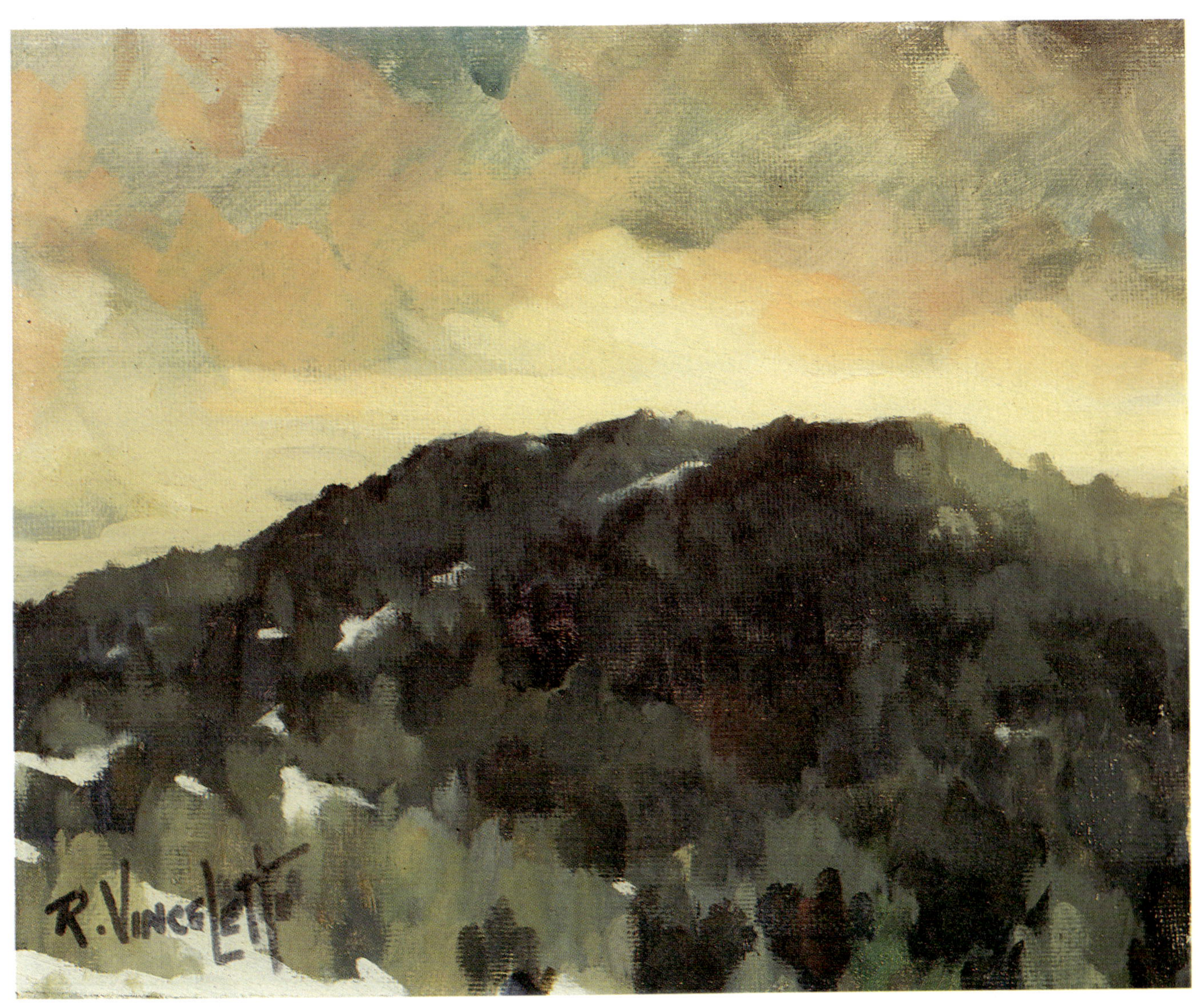

Soleil couchant, Saint-Donat 1940, huile sur masonite, 20,5 x 25,5 cm
Collection madame Lysandre Vincelette

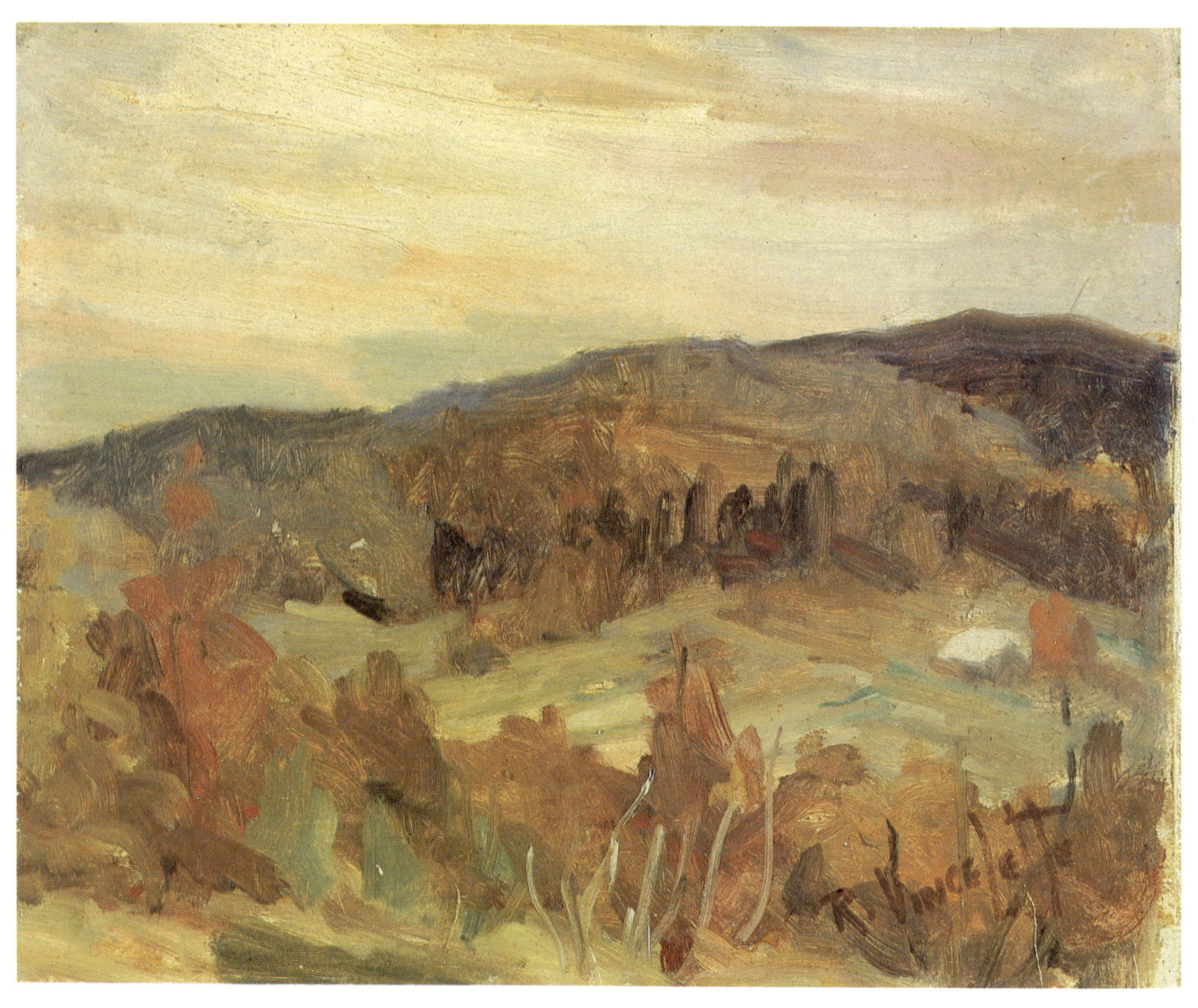

Vue des Laurentides, 1940, huile sur masonite, 20,5 x 25,5 cm
Collection madame Lysandre Vincelette

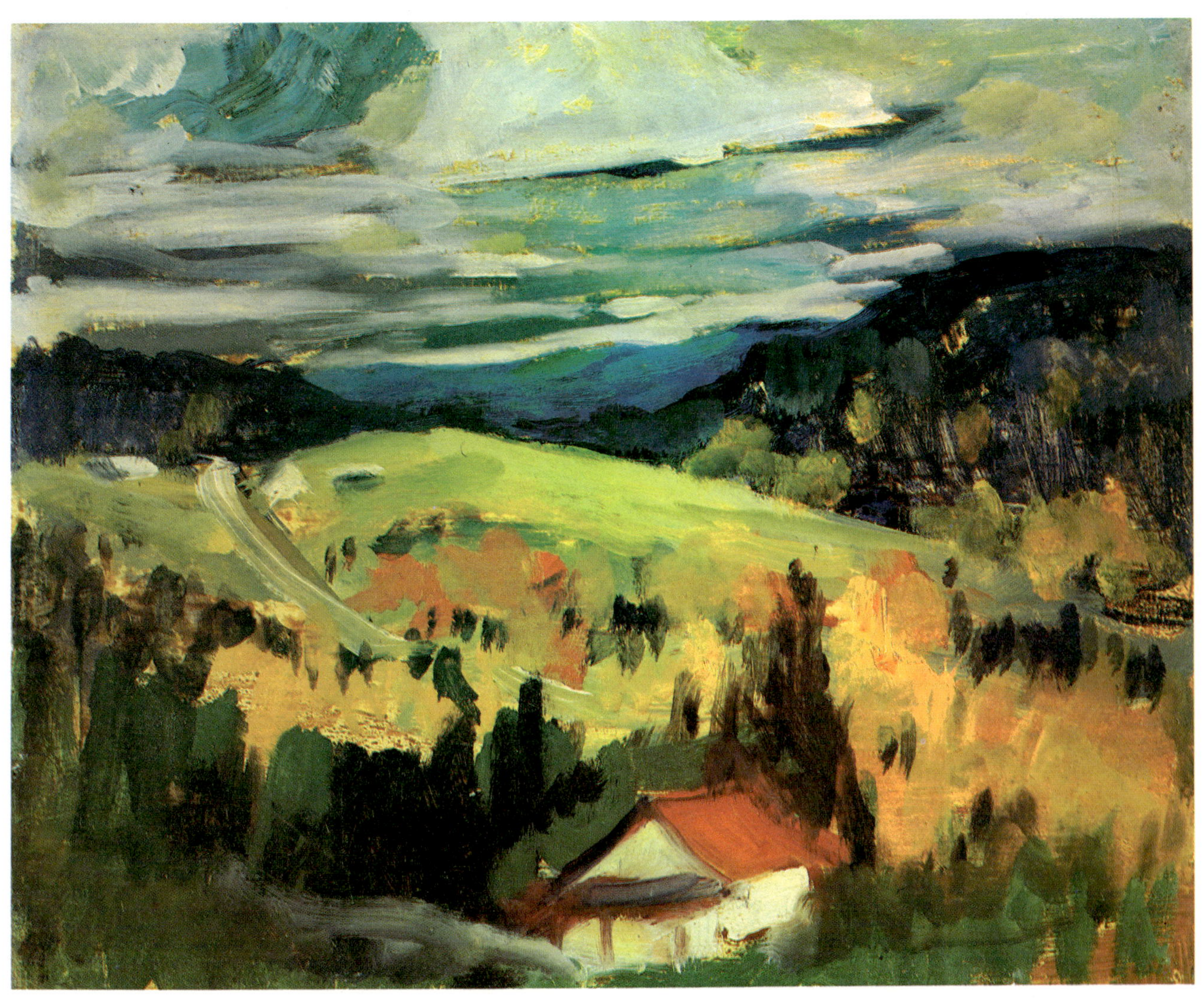

Baie Saint-Paul, 1940, huile sur masonite, 20,5 x 25,5 cm
Collection madame Lysandre Vincelette

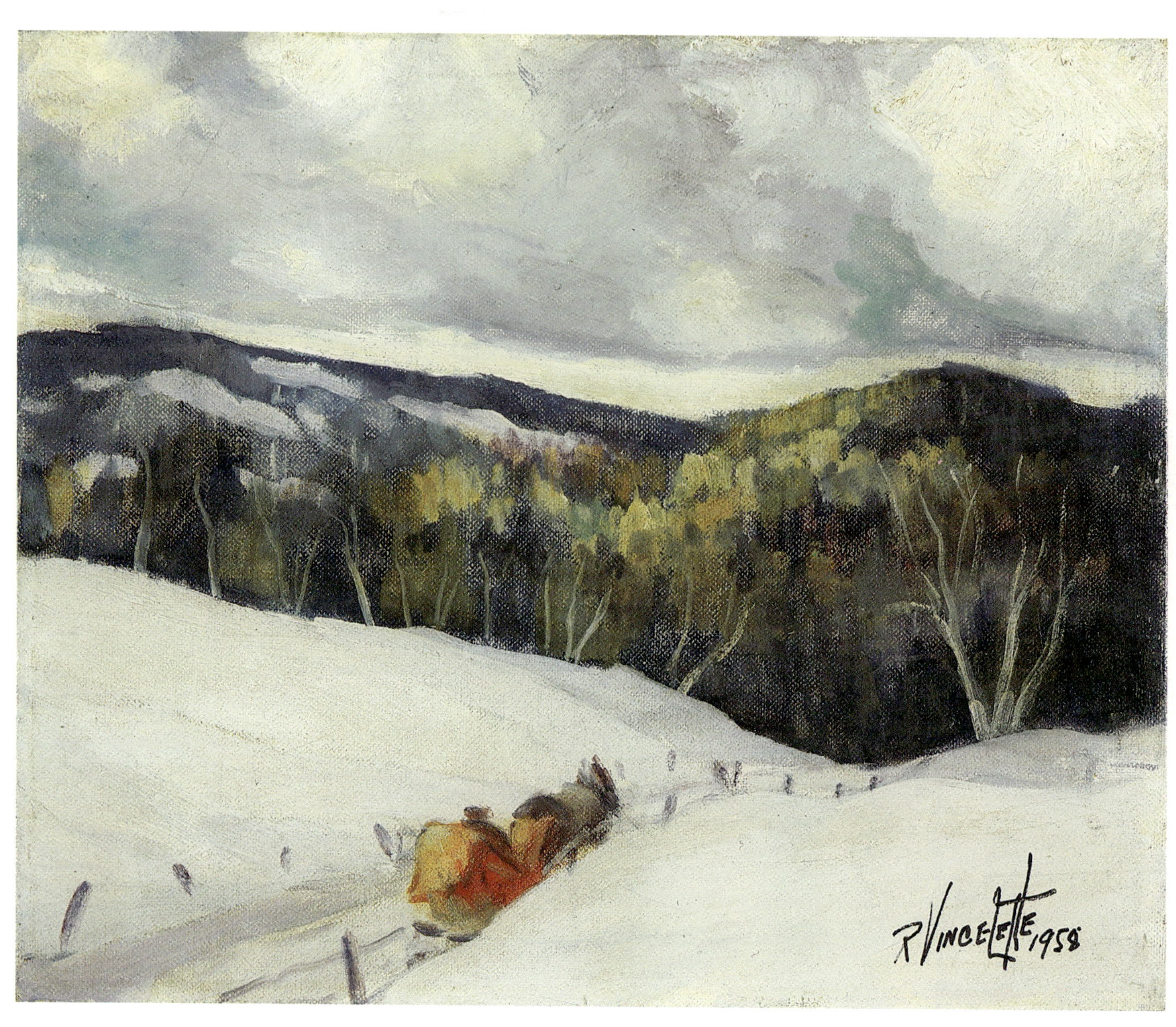

Traîneau dans la neige, 1958, huile sur carton, 25,5 x 30,5 cm
Collection particulière

52

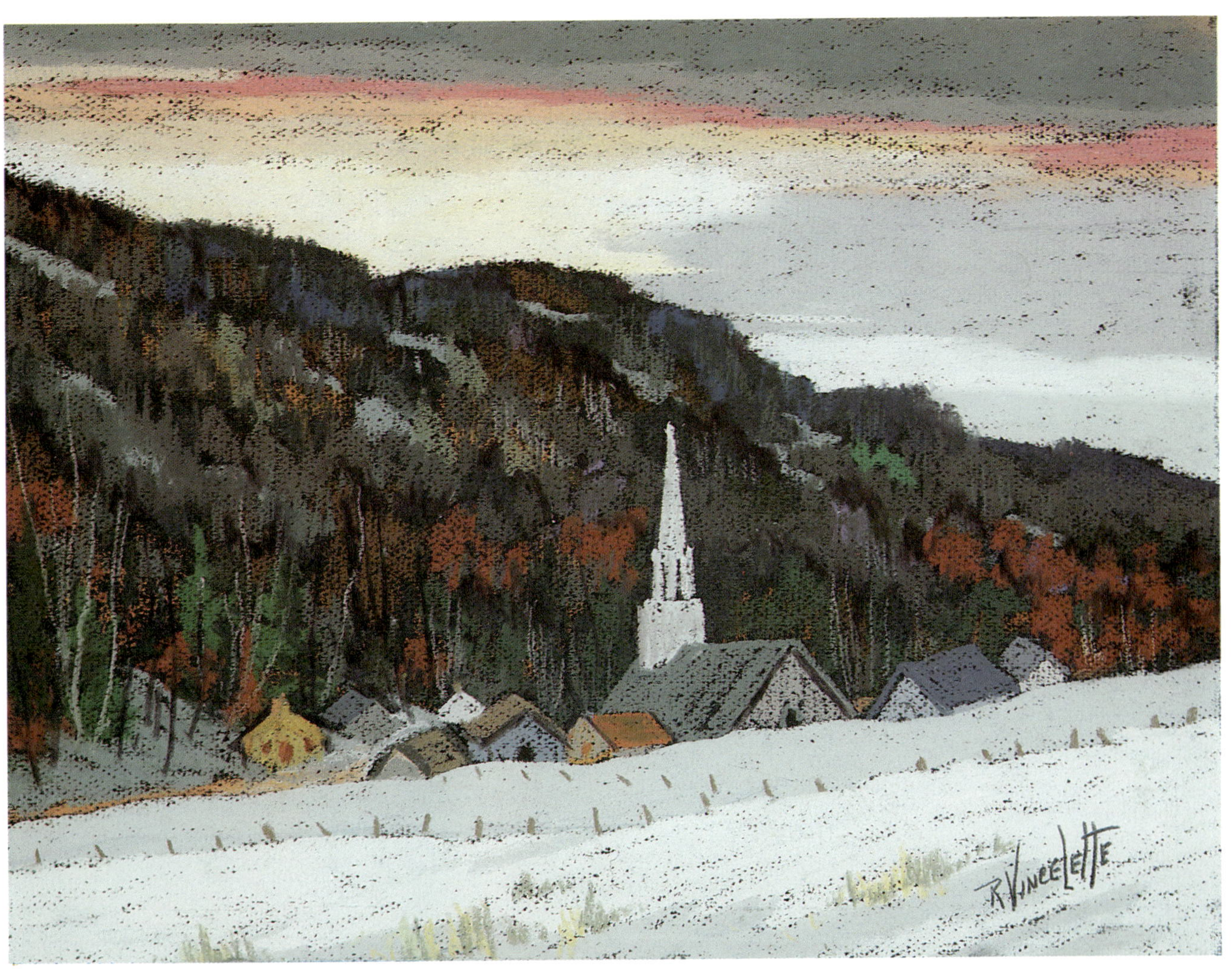

Saint-Faustin, pastel, 30,5 x 40,5 cm
Collection particulière

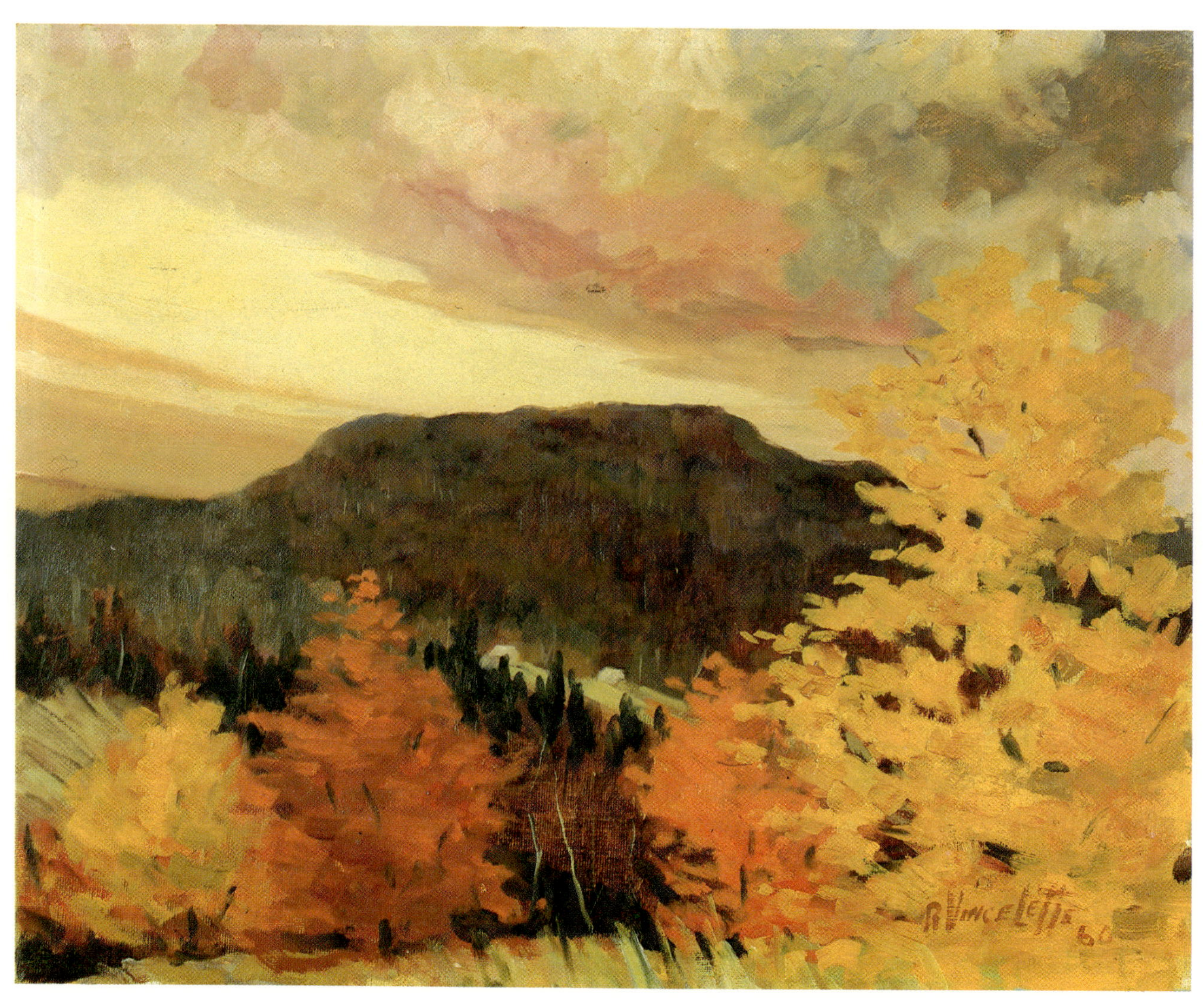

Automne, 1960, huile sur toile, 40,5 x 51 cm
Collection madame Margot Hébert

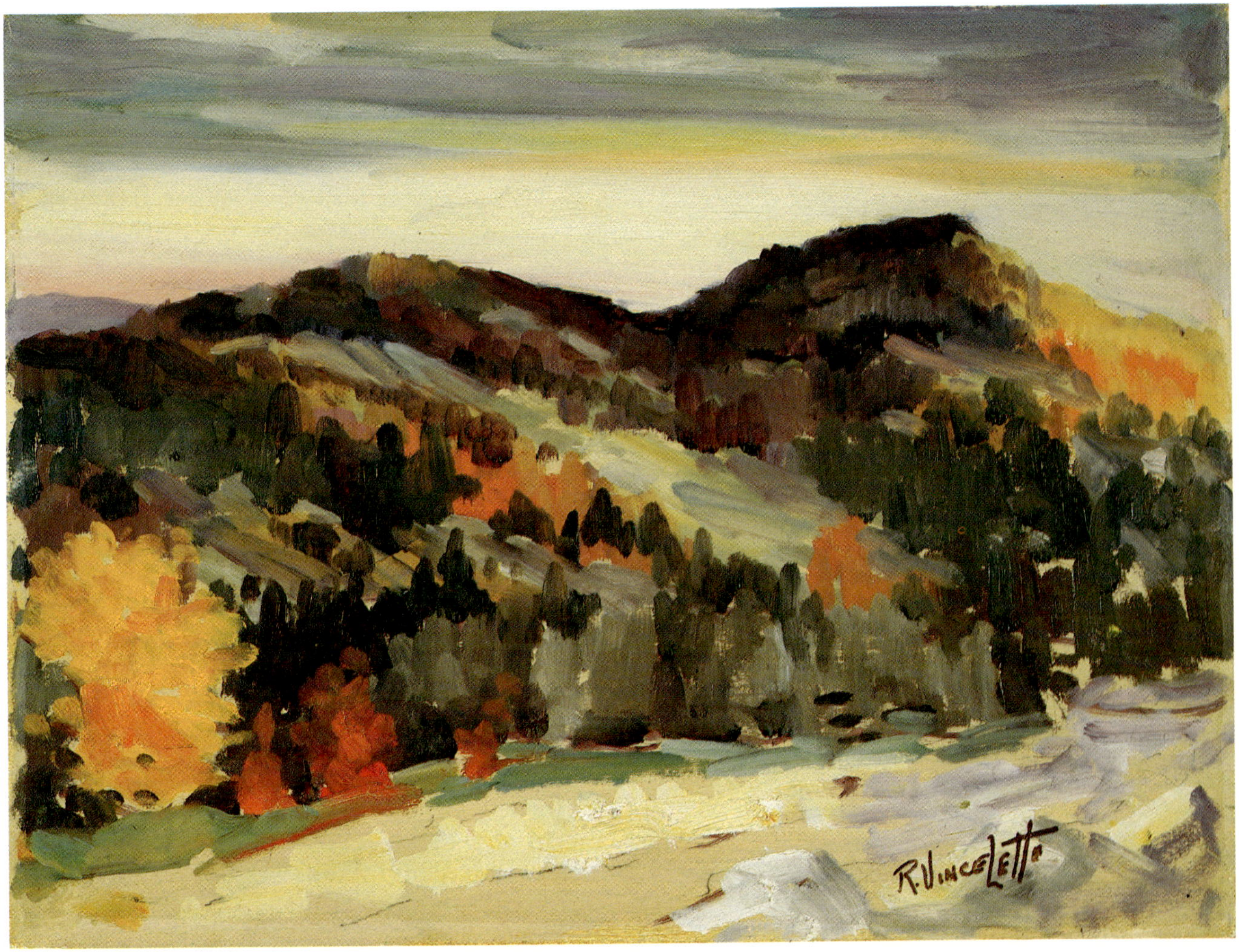

Fin du jour à Saint-Donat, huile sur masonite, 30,5 x 41 cm
Collection particulière

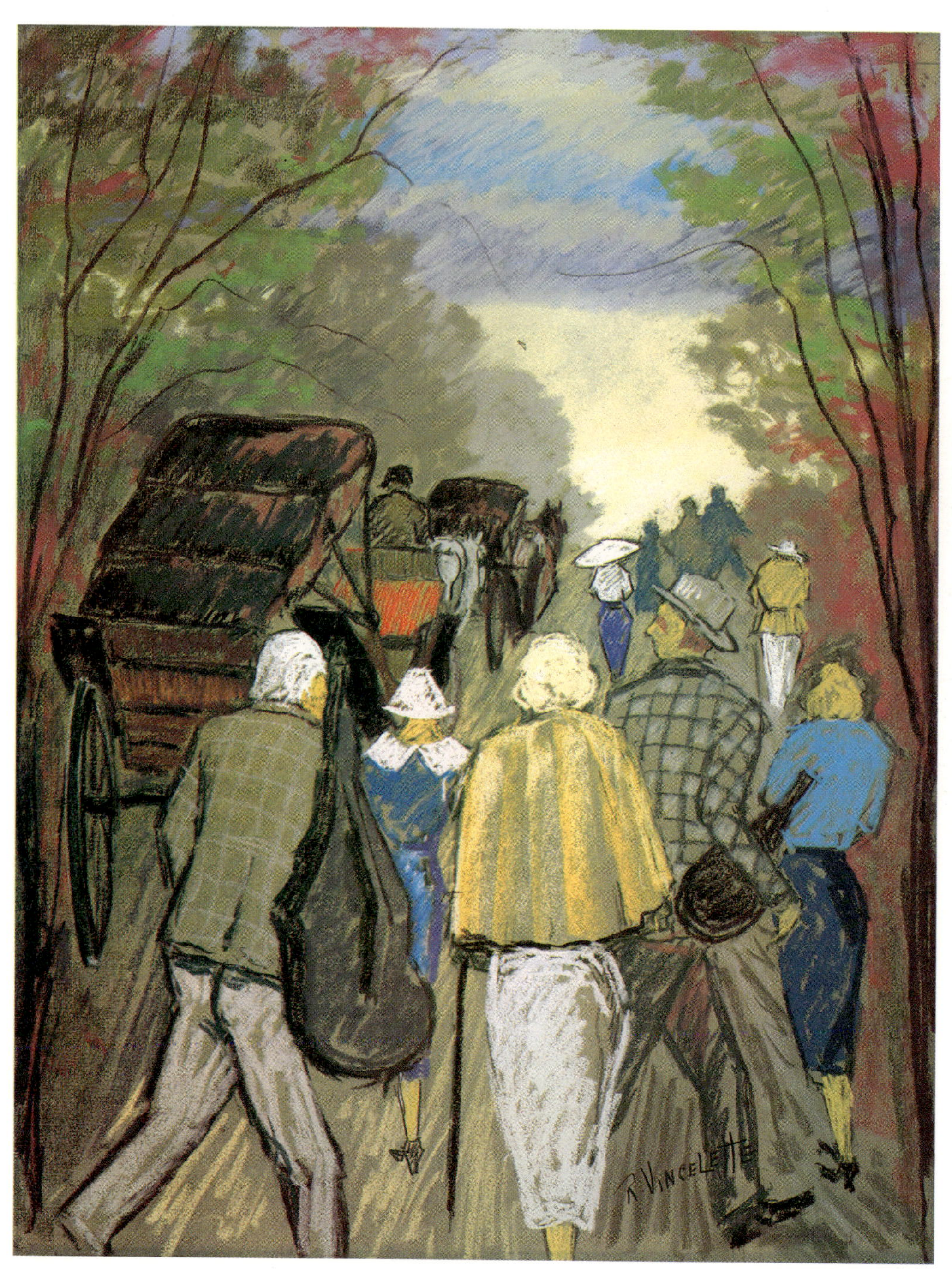

Soir de concert
à la montagne
Pastel, 65 x 49,5 cm
Coll. particulière

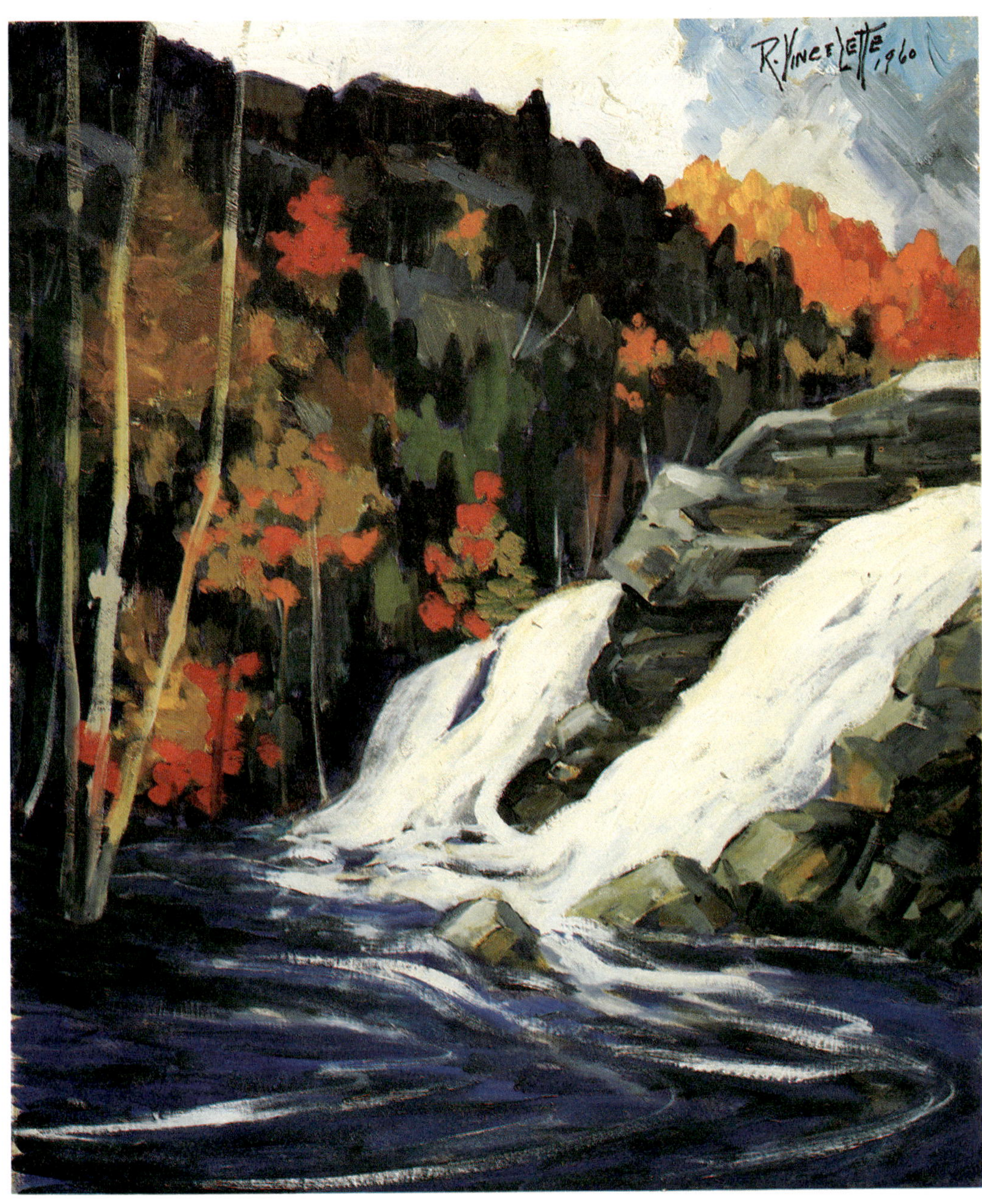

Chute au Québec
Huile sur masonite
61 x 51 cm
Coll. particulière

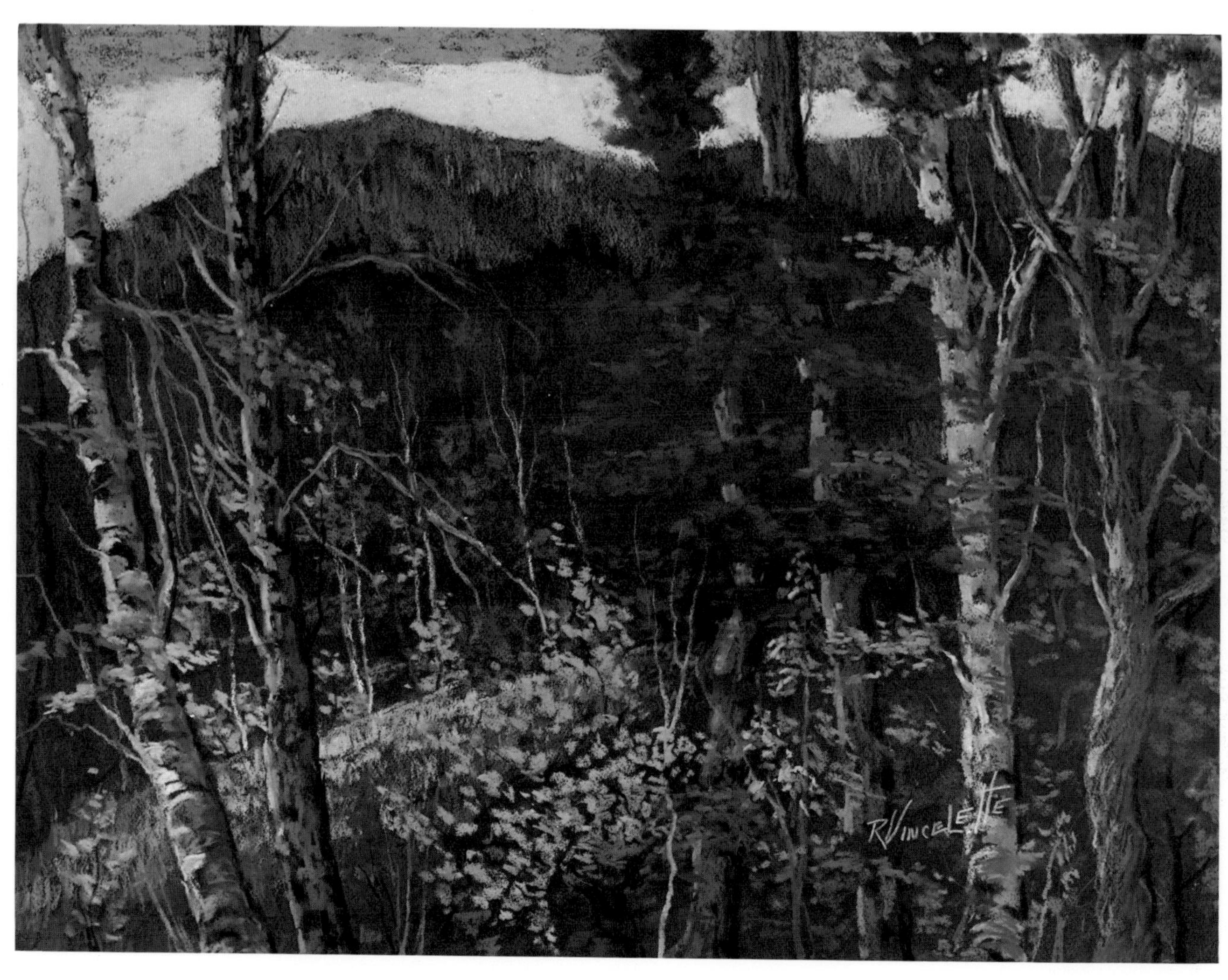

Sous-bois à l'automne, pastel, 49,5 x 65 cm
Collection particulière

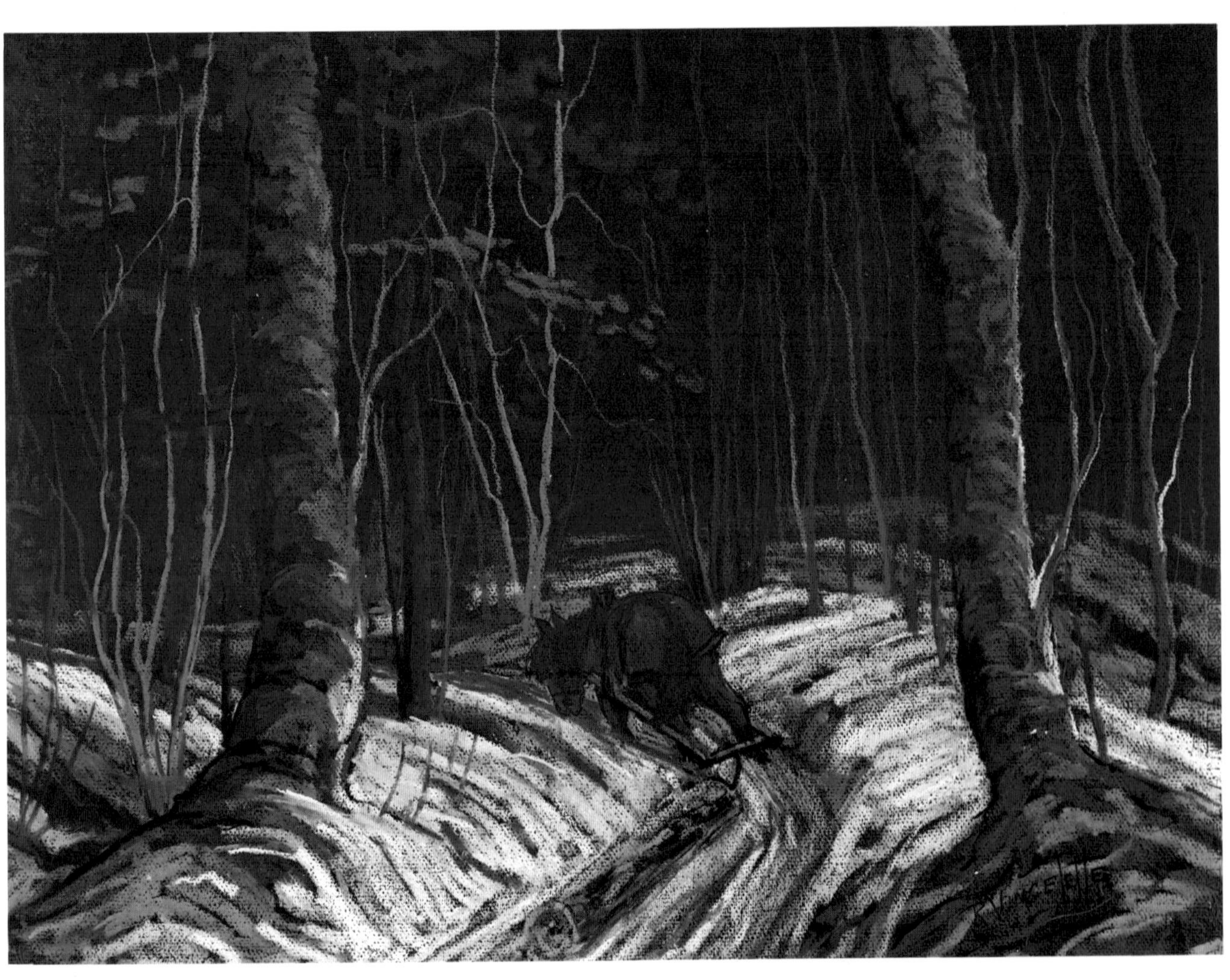

Chantier, transport du bois, pastel, 49,5 x 65 cm
Collection particulière

59

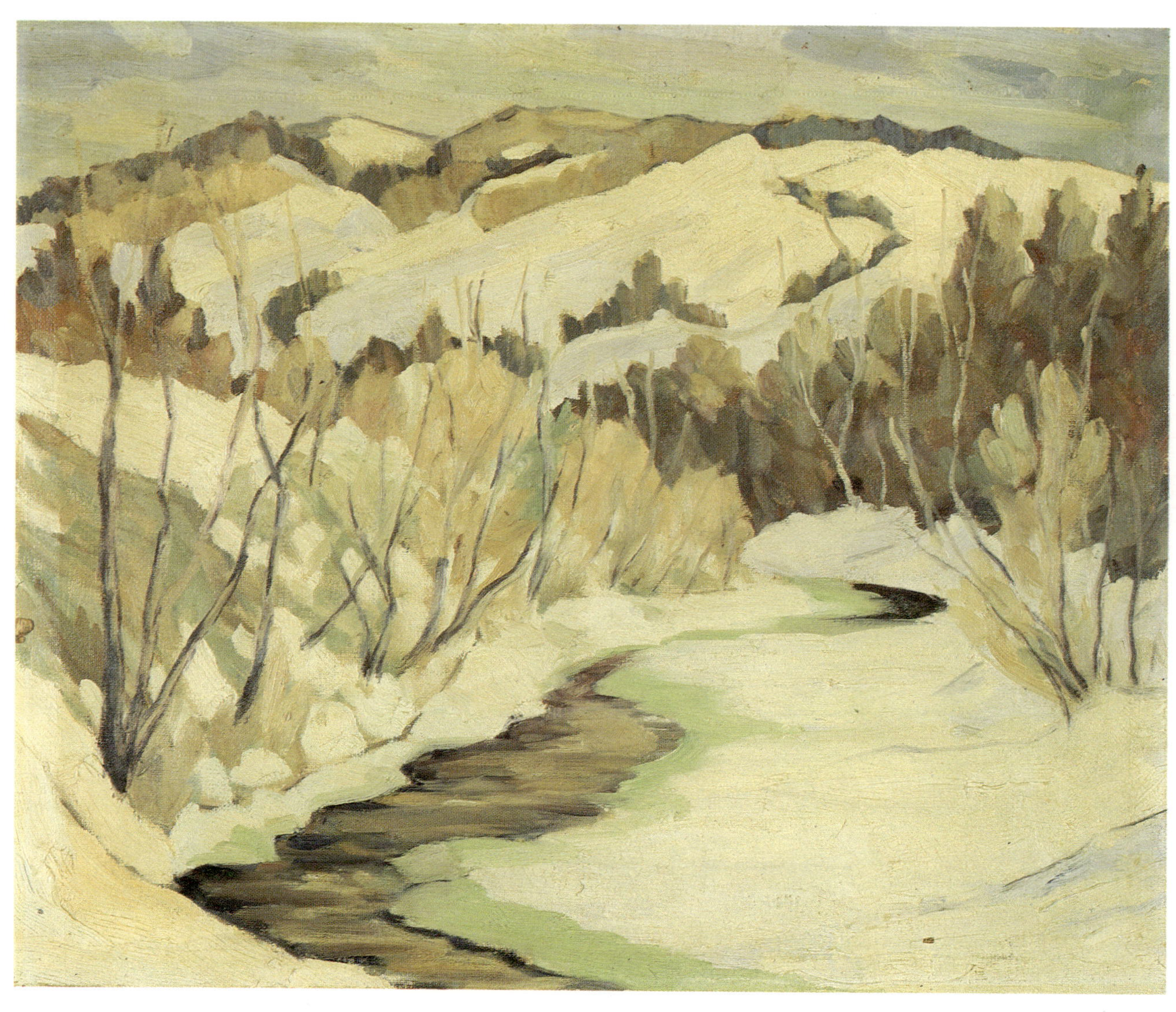

Printemps dans les Laurentides, pastel, 20,5 x 25,5 cm
Collection madame Lysandre Vincelette

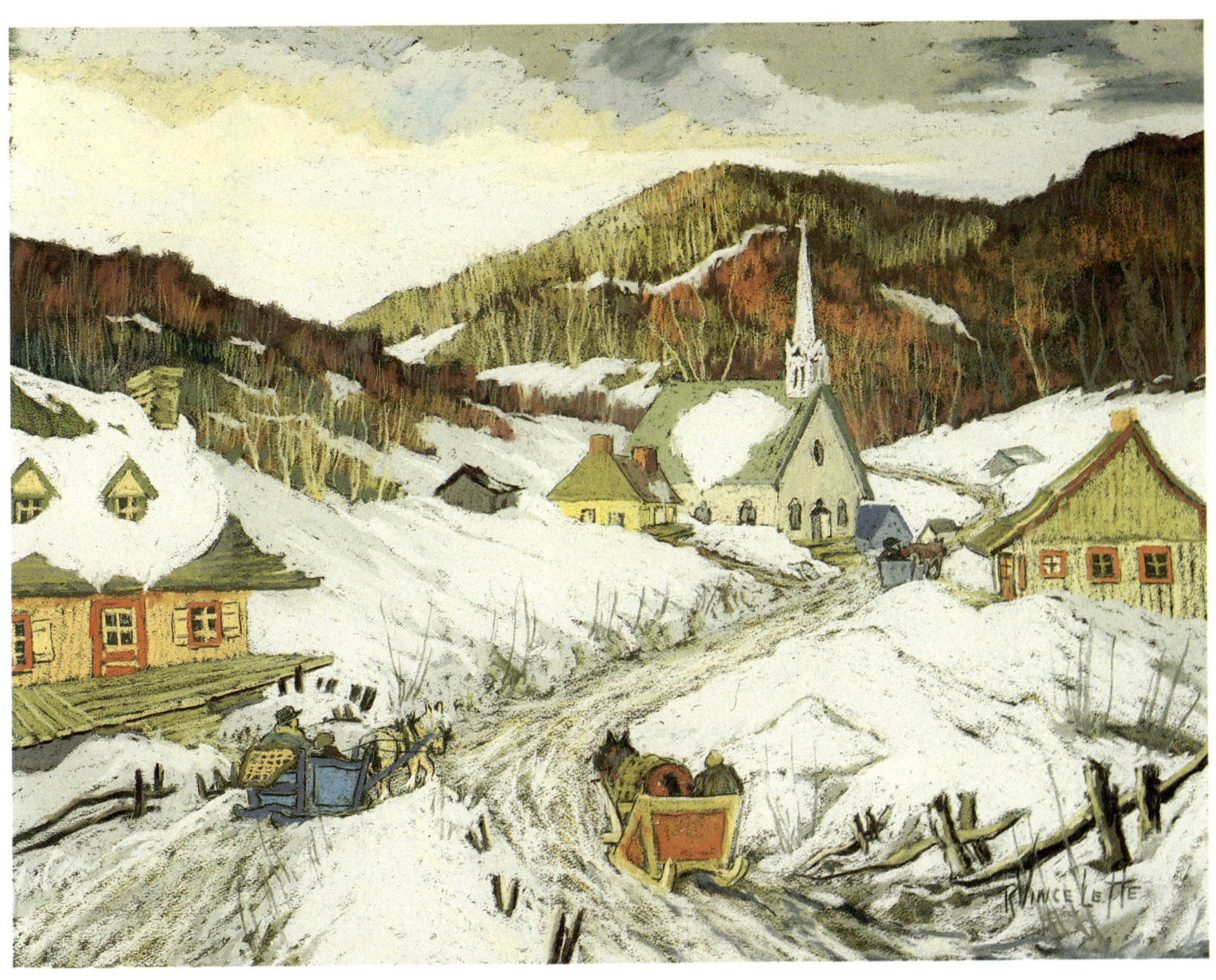

Village Mont-Tremblant, 1970, pastel, 49,5 x 65 cm
Collection madame Lucille Beaudry

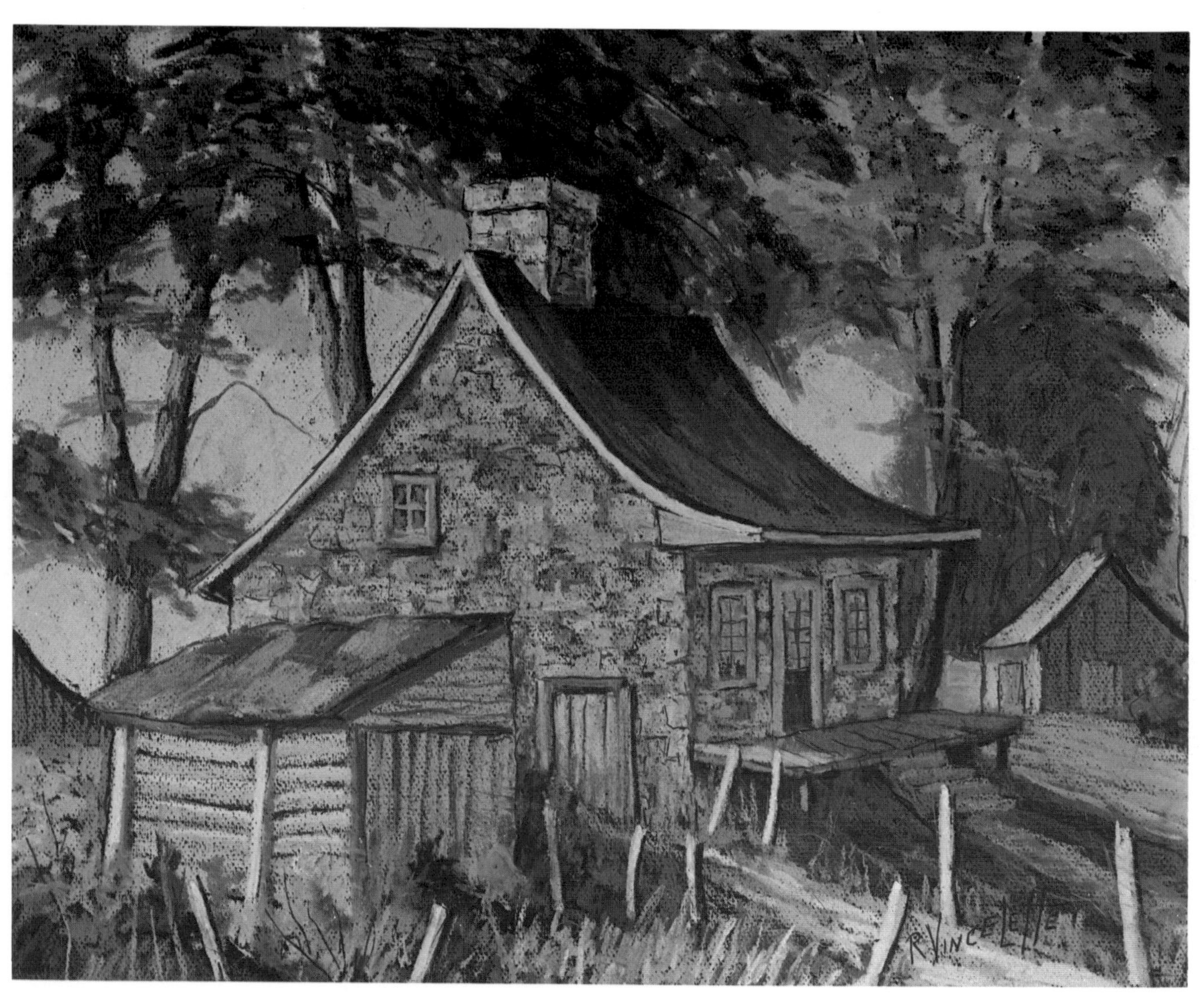

Vieille maison, Sainte-Geneviève, pastel, 40,5 x 51 cm
Collection particulière

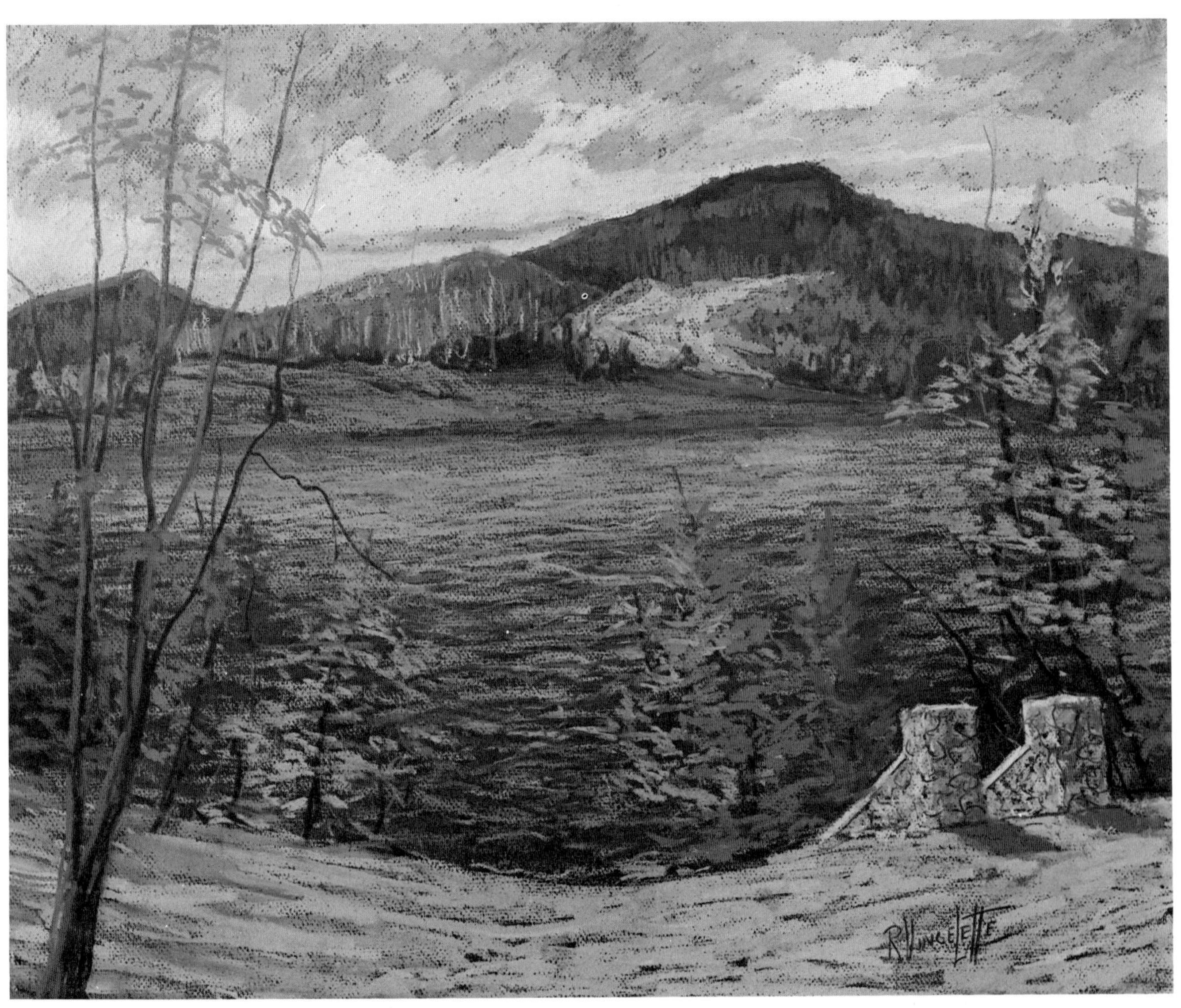

Chalet au Lac Ouareau, pastel, 51 x 61 cm
Collection particulière

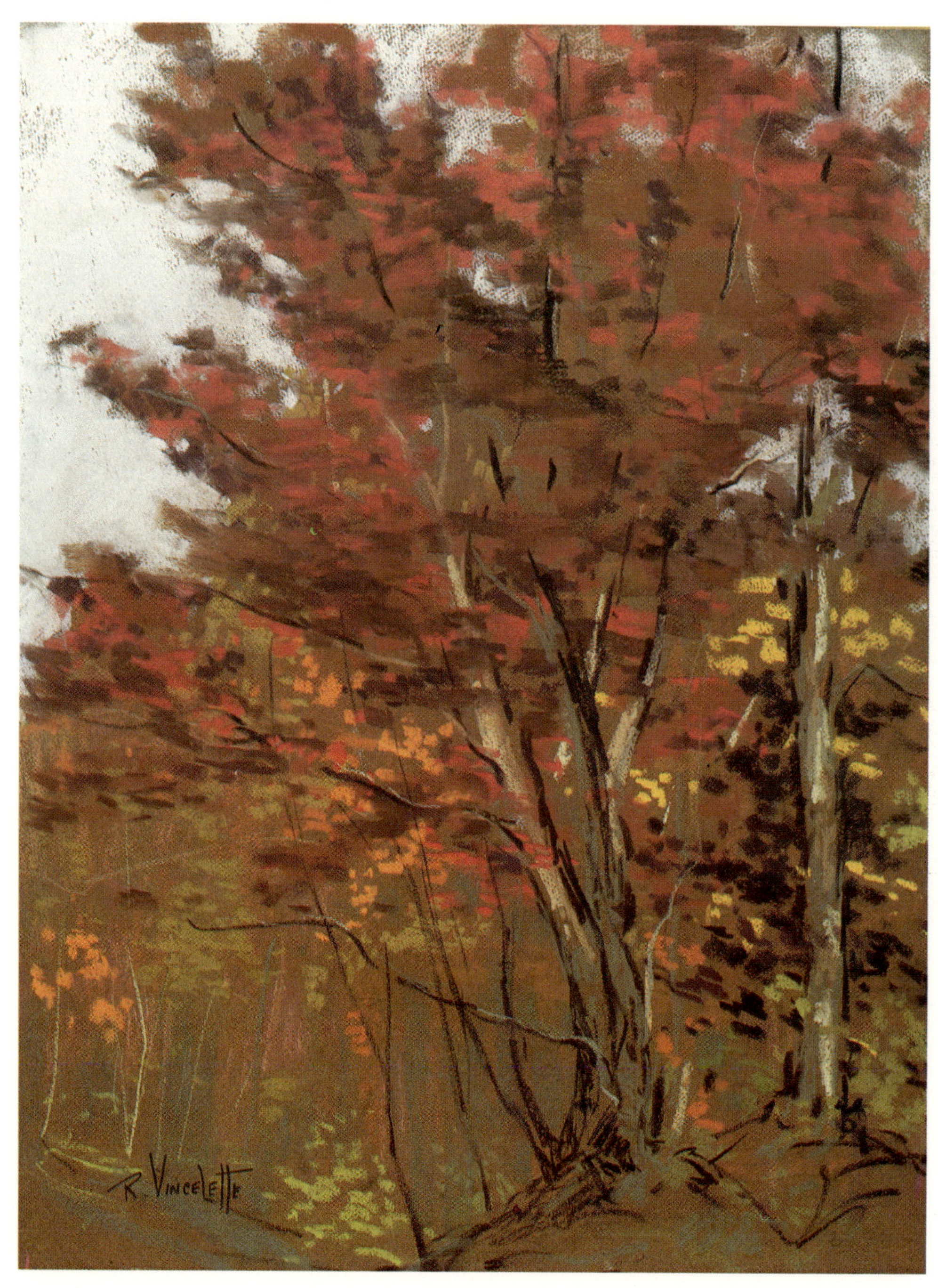

Arbre rouge
Pastel
61 x 45,5 cm
Coll. particulière

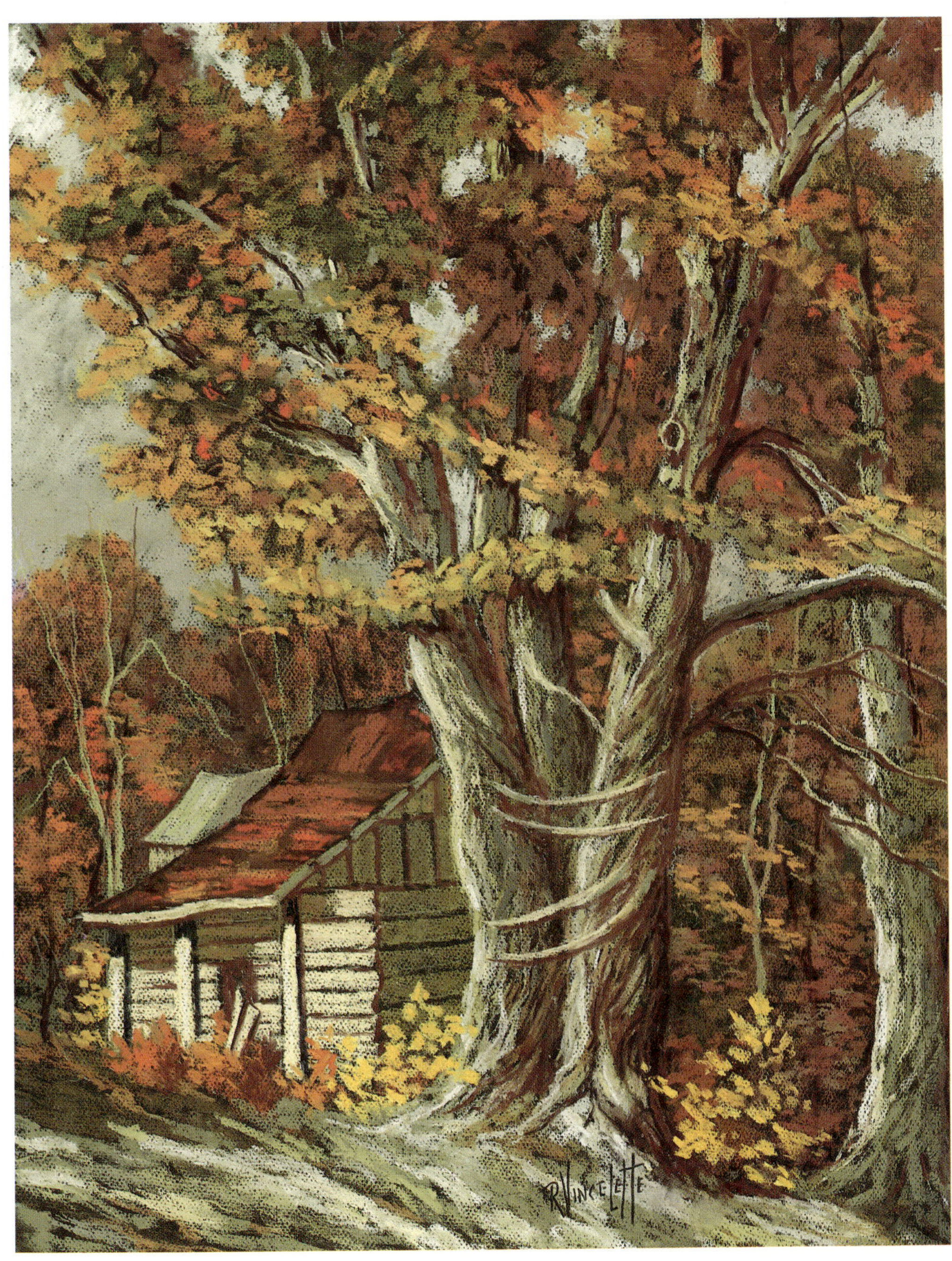

Maison dans le bois
Pastel, 65 x 49,5 cm
Coll. particulière

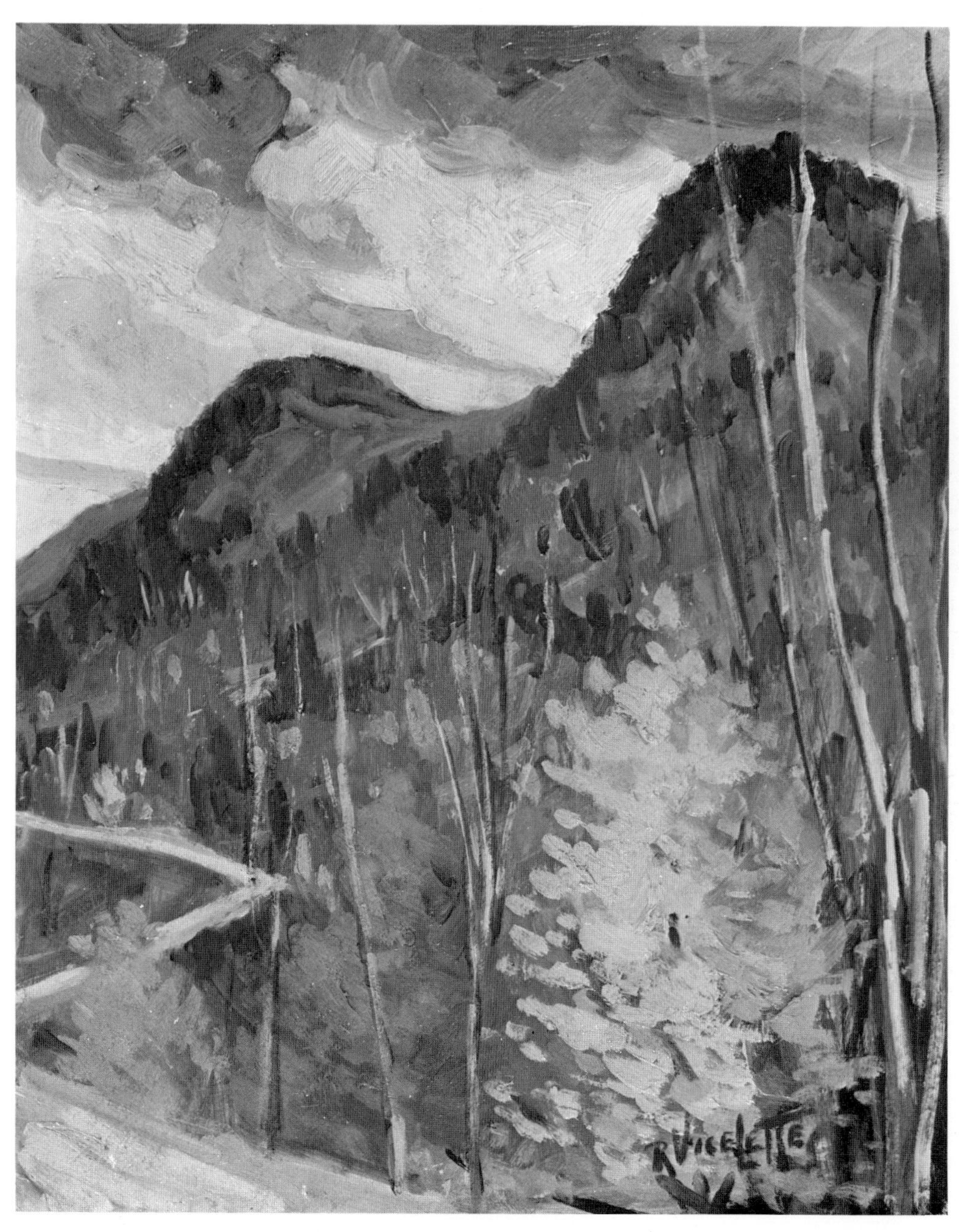

Montagne noire
Huile sur masonite
51 x 40,5 cm
Coll. particulière

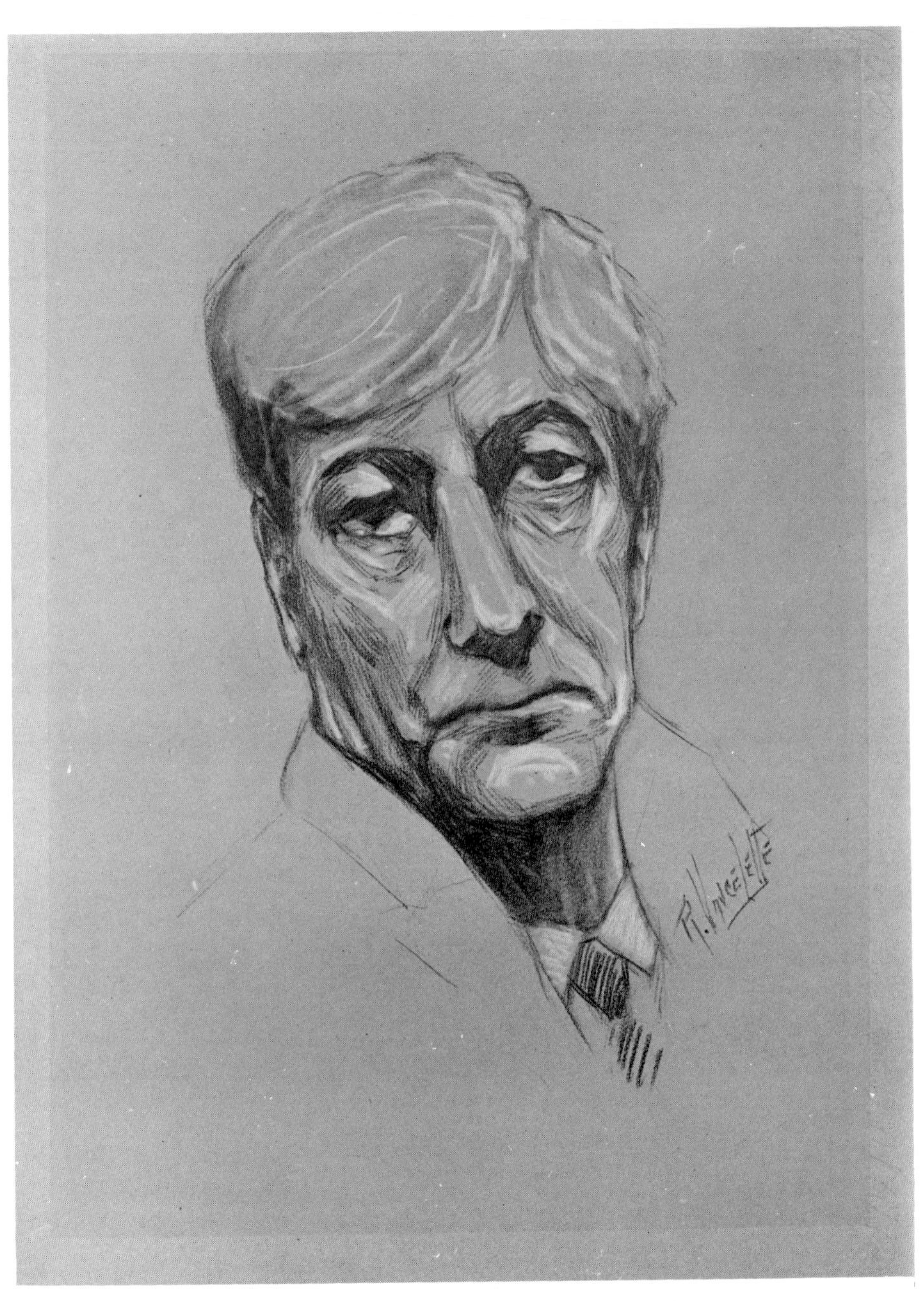

Portrait
Pastel, 51 x 35,5 cm
Coll. Mme Margot Hébert

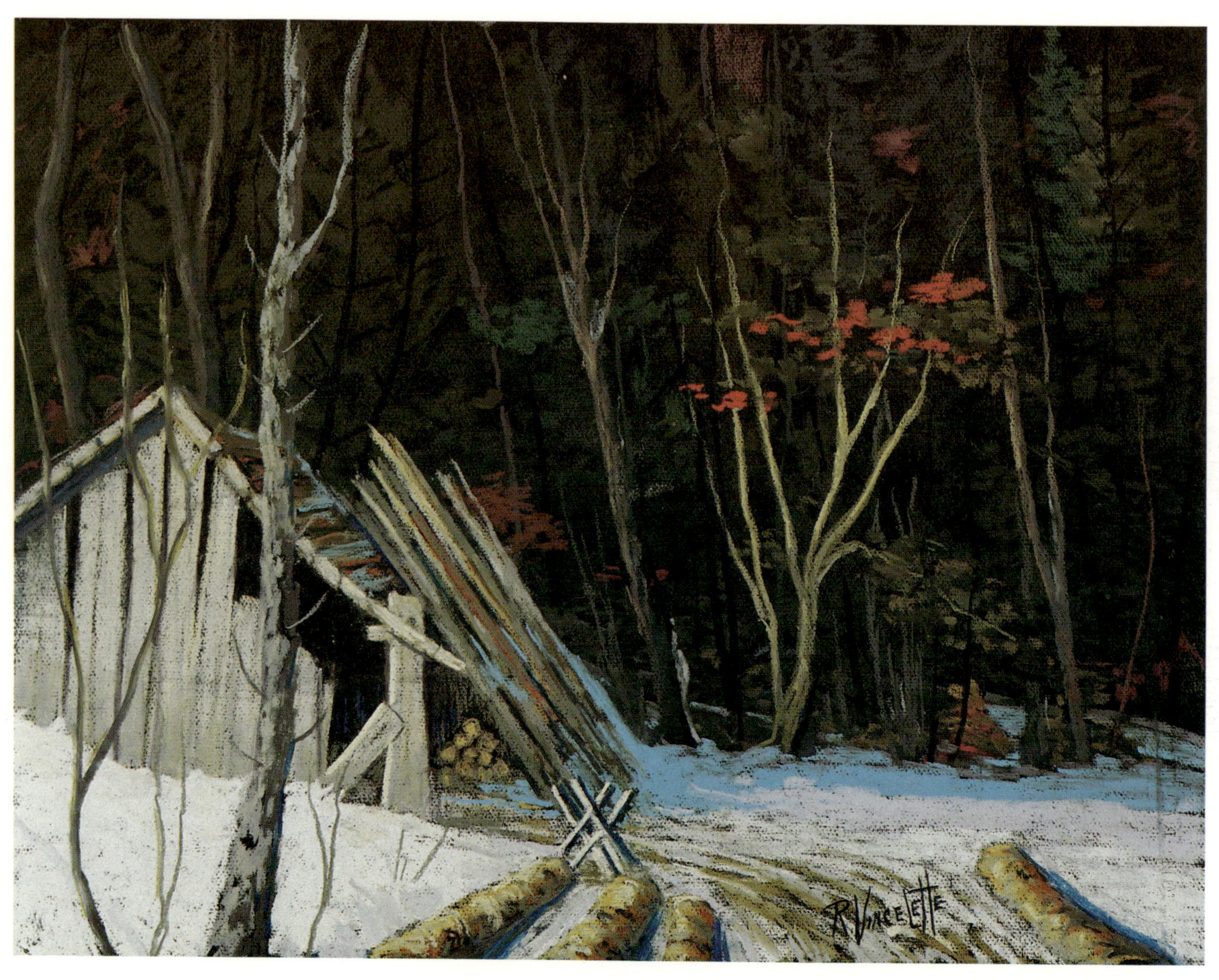

Cabane à bois, Piedmont, pastel, 51 x 66 cm
Collection madame Lysandre Vincelette

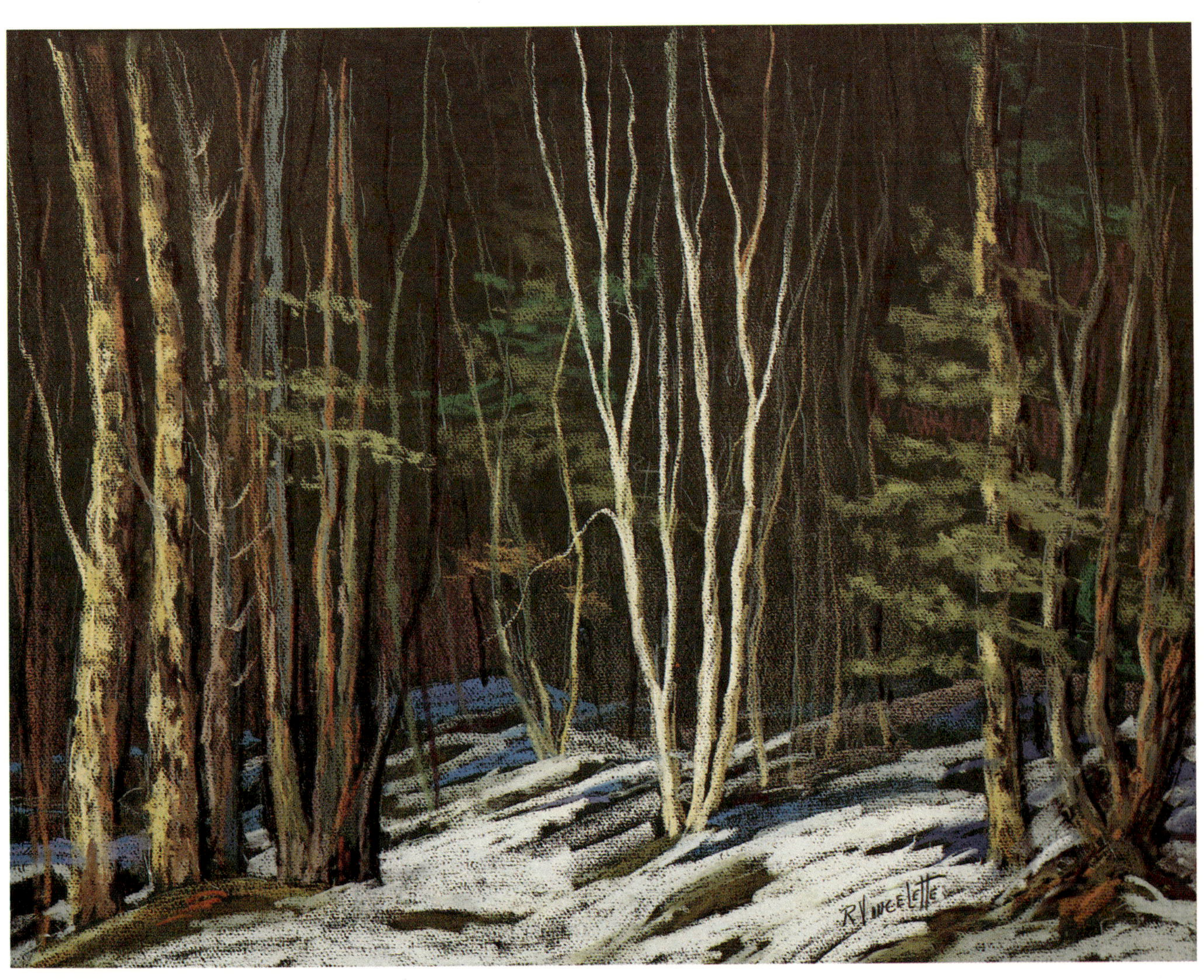

Sous-bois, pastel, 51 x 66 cm
Collection particulière

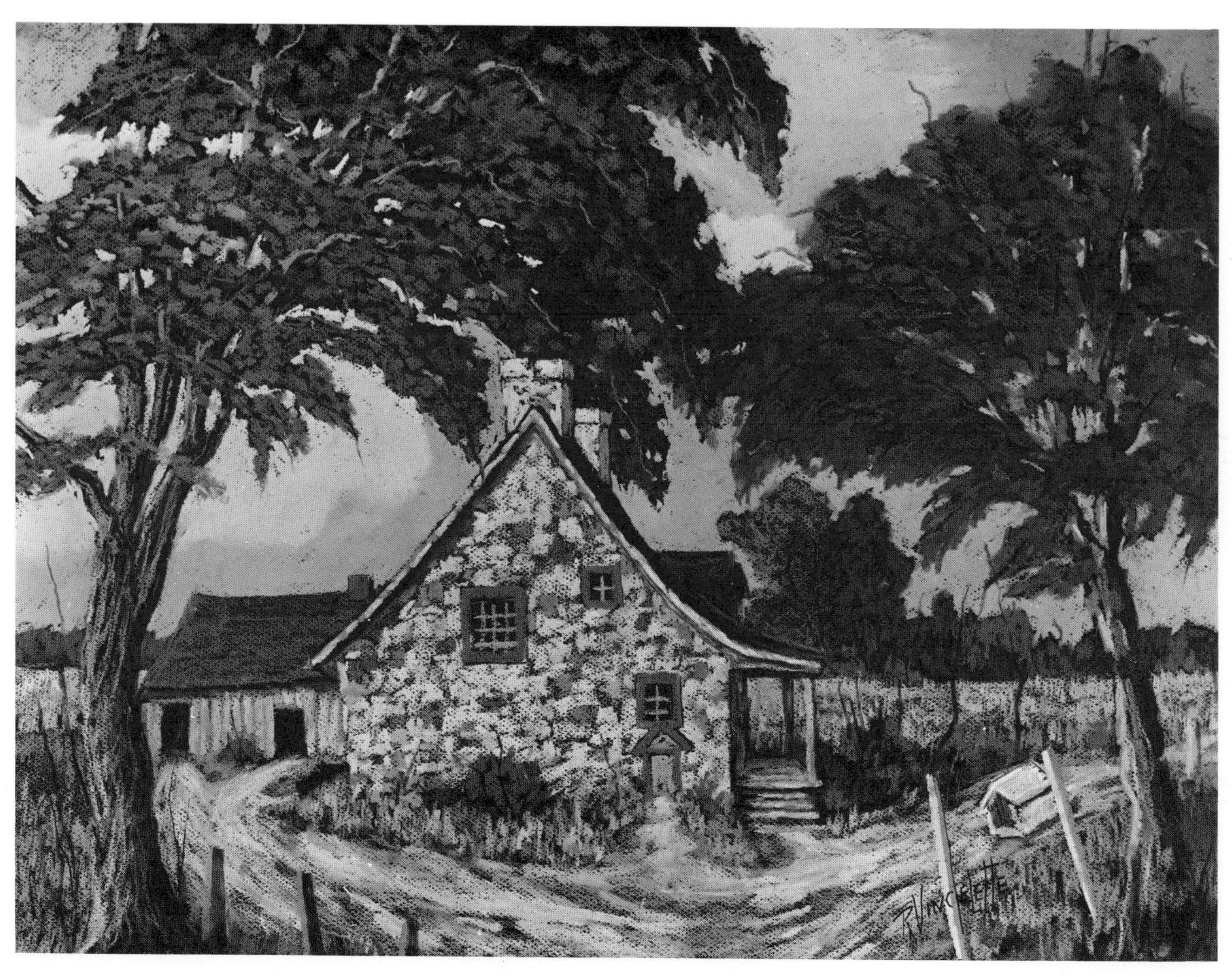

Coin de campagne, pastel, 49,5 x 65 cm
Collection particulière

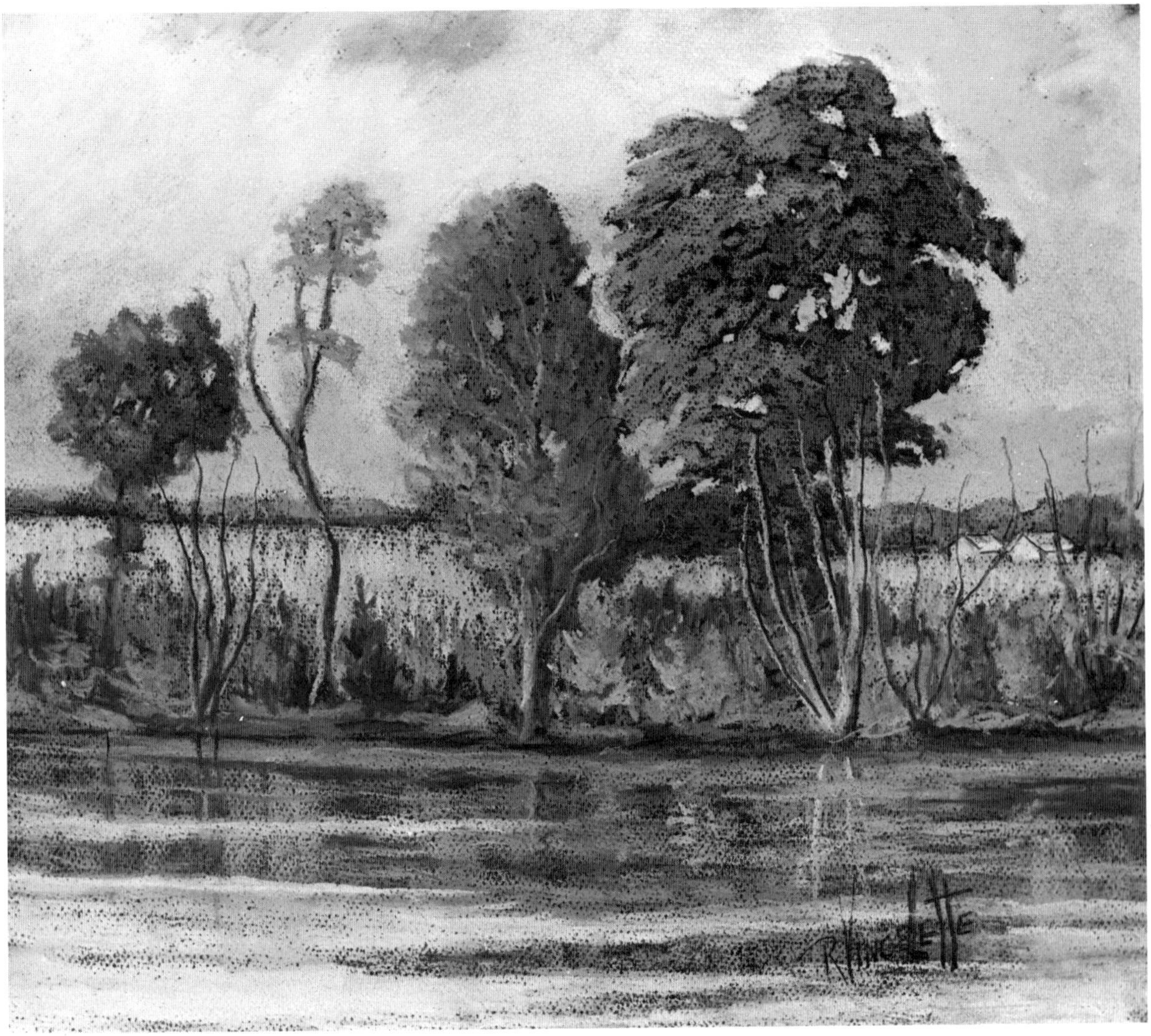

Rivière l'Assomption, octobre 1972, pastel, 33,5 x 39,5 cm
Collection madame Lucille Beaudry

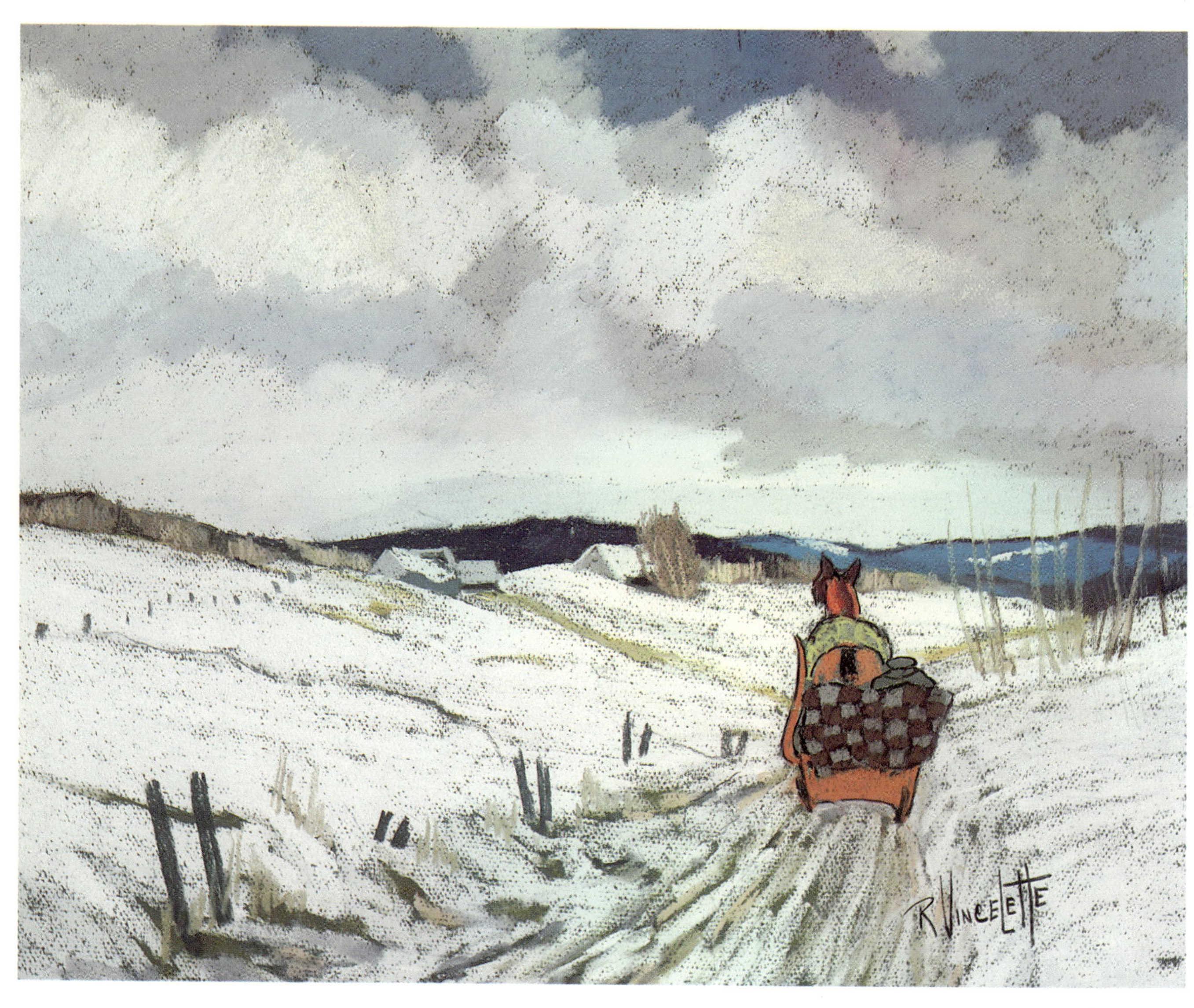

Morin-Heights, pastel, 40,5 x 51 cm
Collection monsieur et madame Marcel Sicard

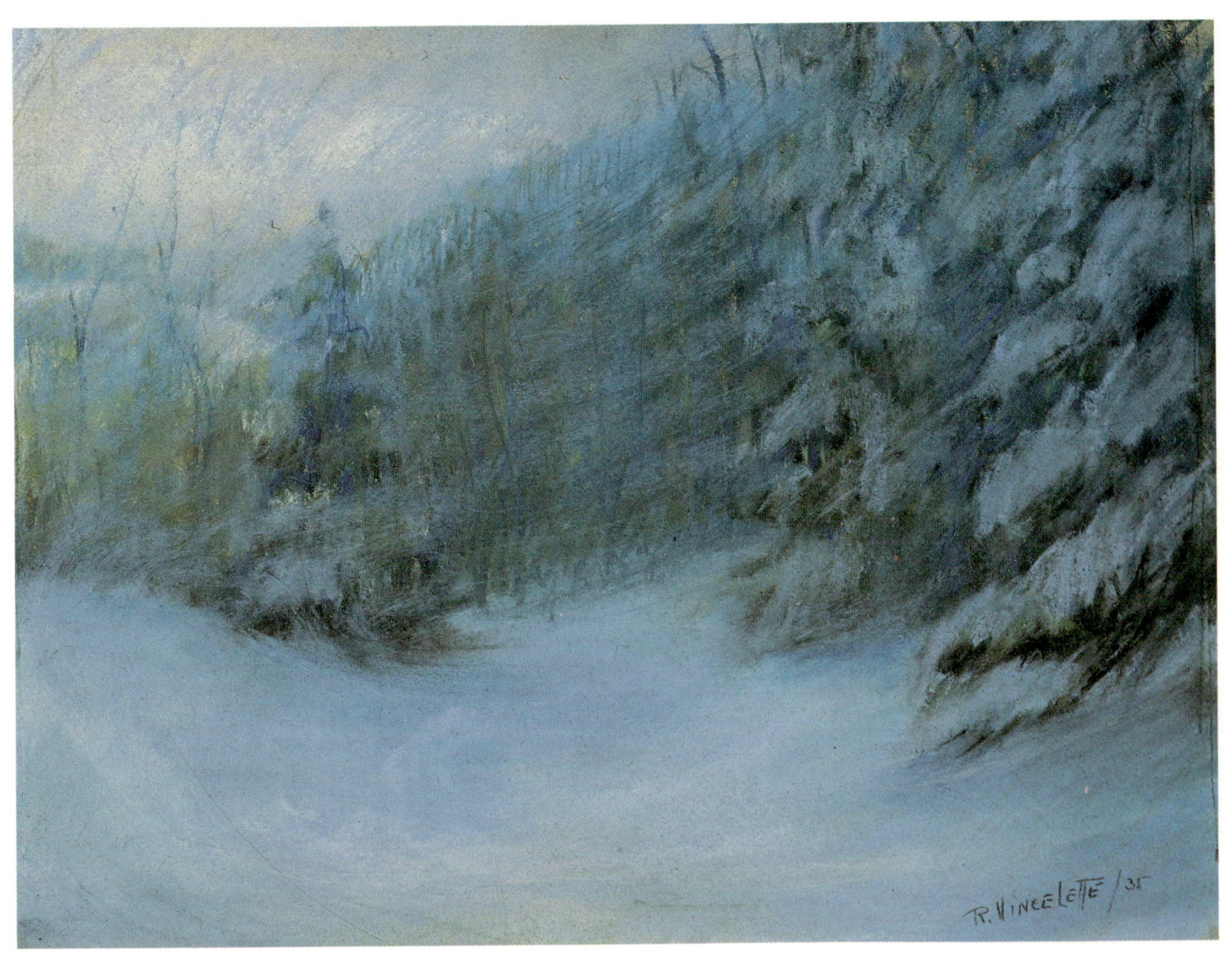

Soir de bourrasque, pastel, 34 x 47 cm
Collection madame Lysandre Vincelette

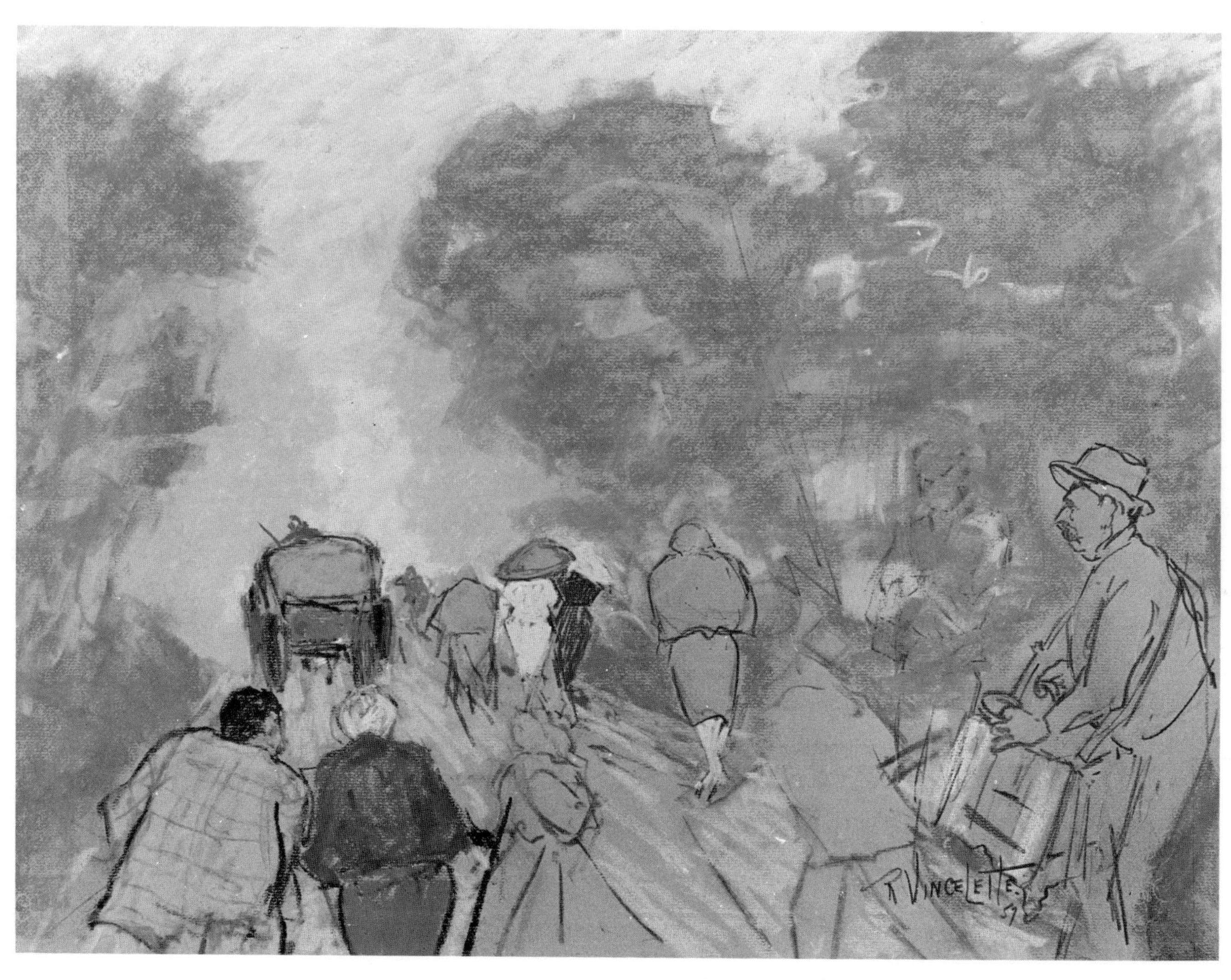

Soir de concert à la montagne, 1957, aquarelle, 45,5 x 61 cm
Collection madame Margot Hébert

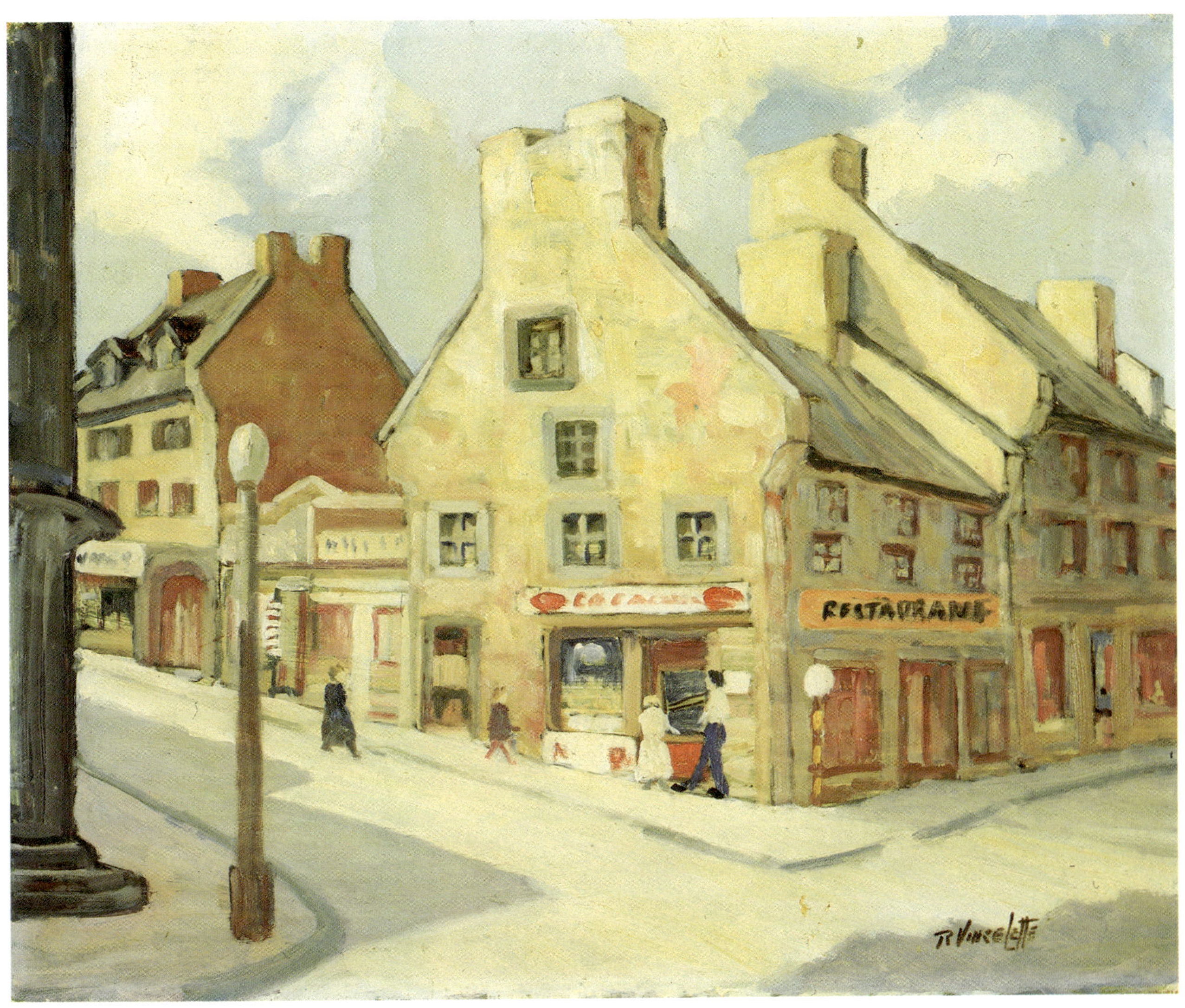

Maison Calvet, huile sur masonite, 40,5 x 51 cm
Collection docteur et madame Gilles Leduc

75

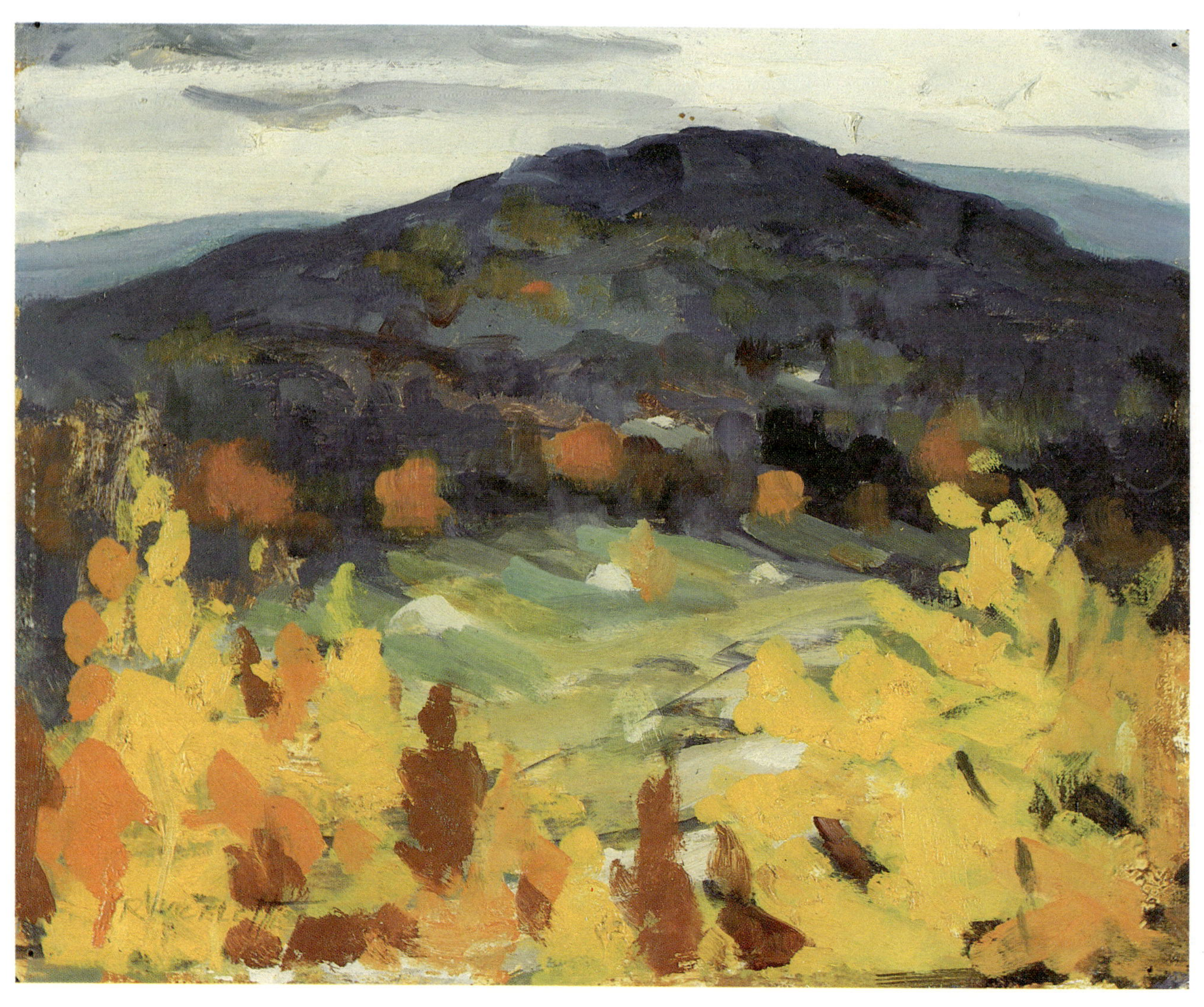

Saint-Jovite, huile sur masonite, 20,5 x 25,5 cm
Collection monsieur et madame Bertrand Leduc

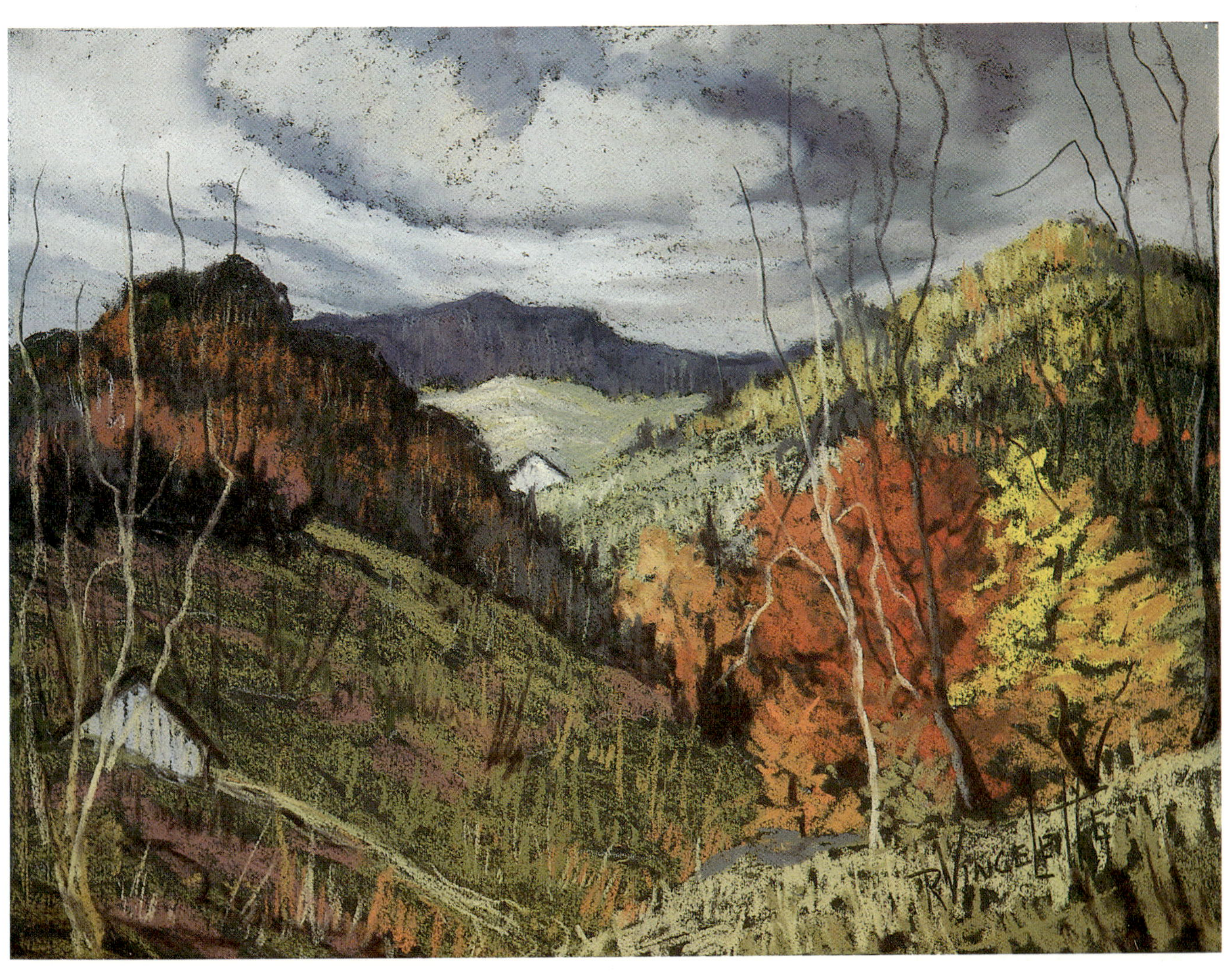

Paysage de montagnes, pastel, 30,5 x 40,5 cm
Collection particulière

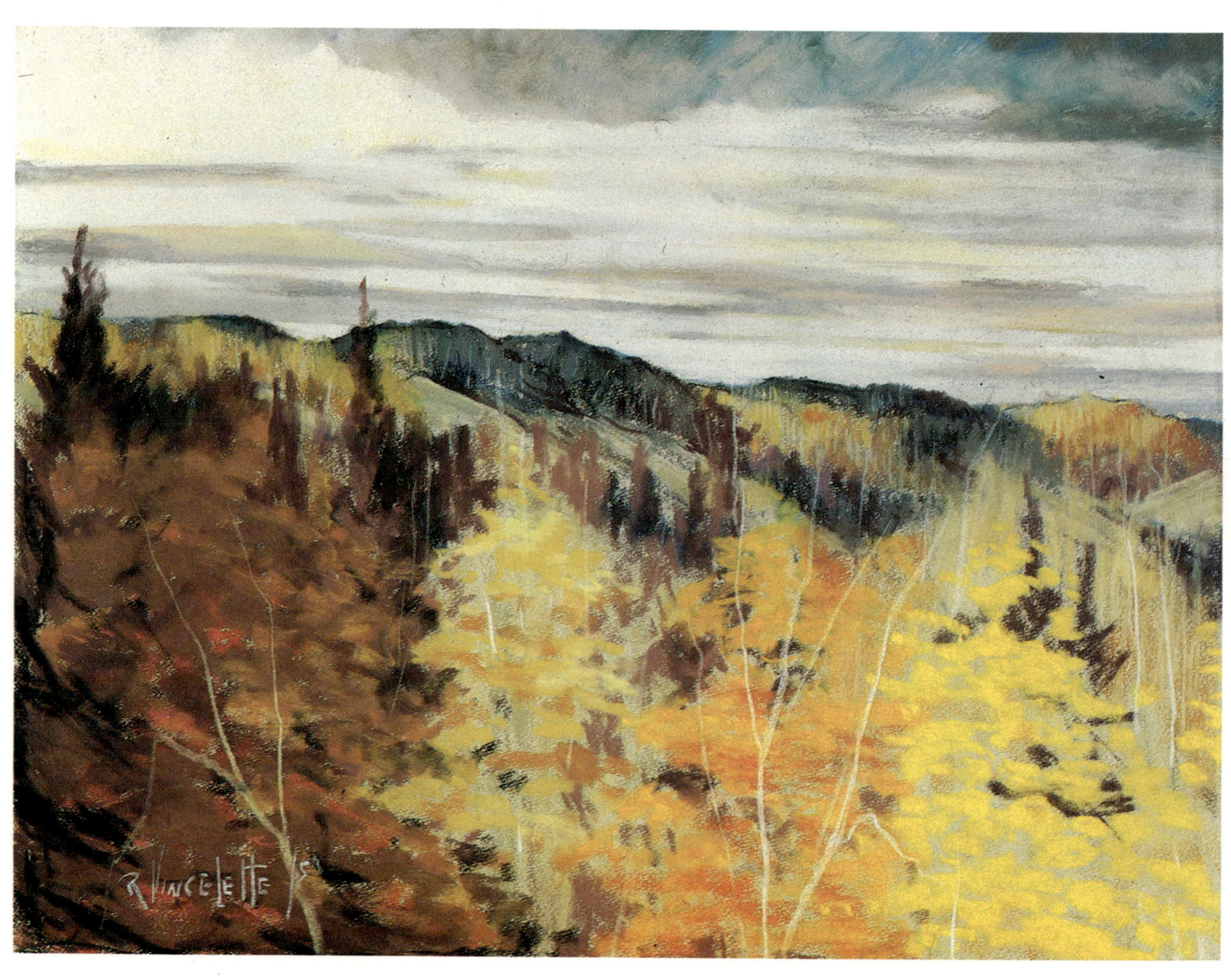

Shawinigan, 1958, pastel, 46 x 61 cm
Collection monsieur et madame René Pépin

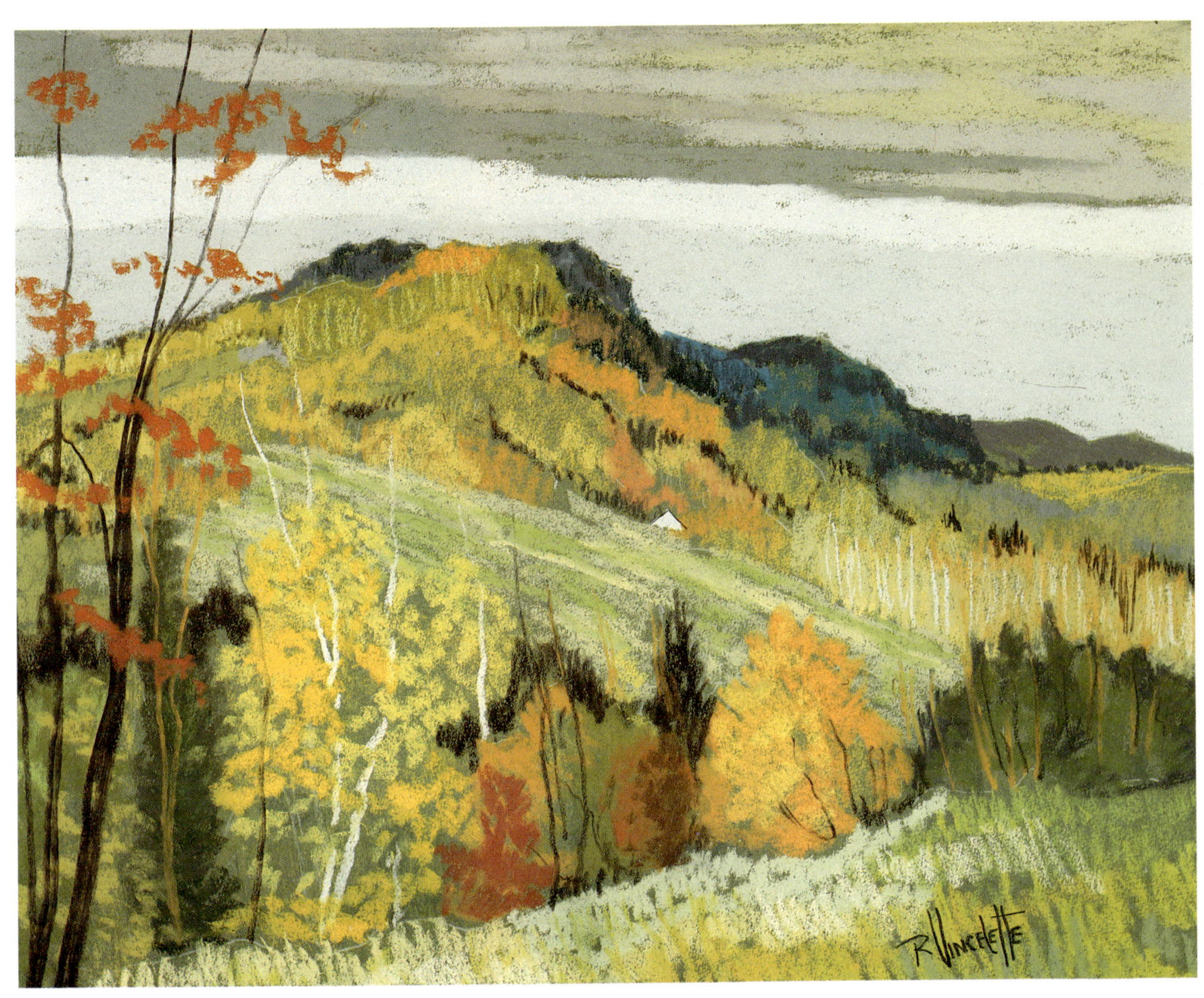

Saint-Sauveur, pastel, 40,5 x 51 cm
Collection monsieur et madame Denis Goulet

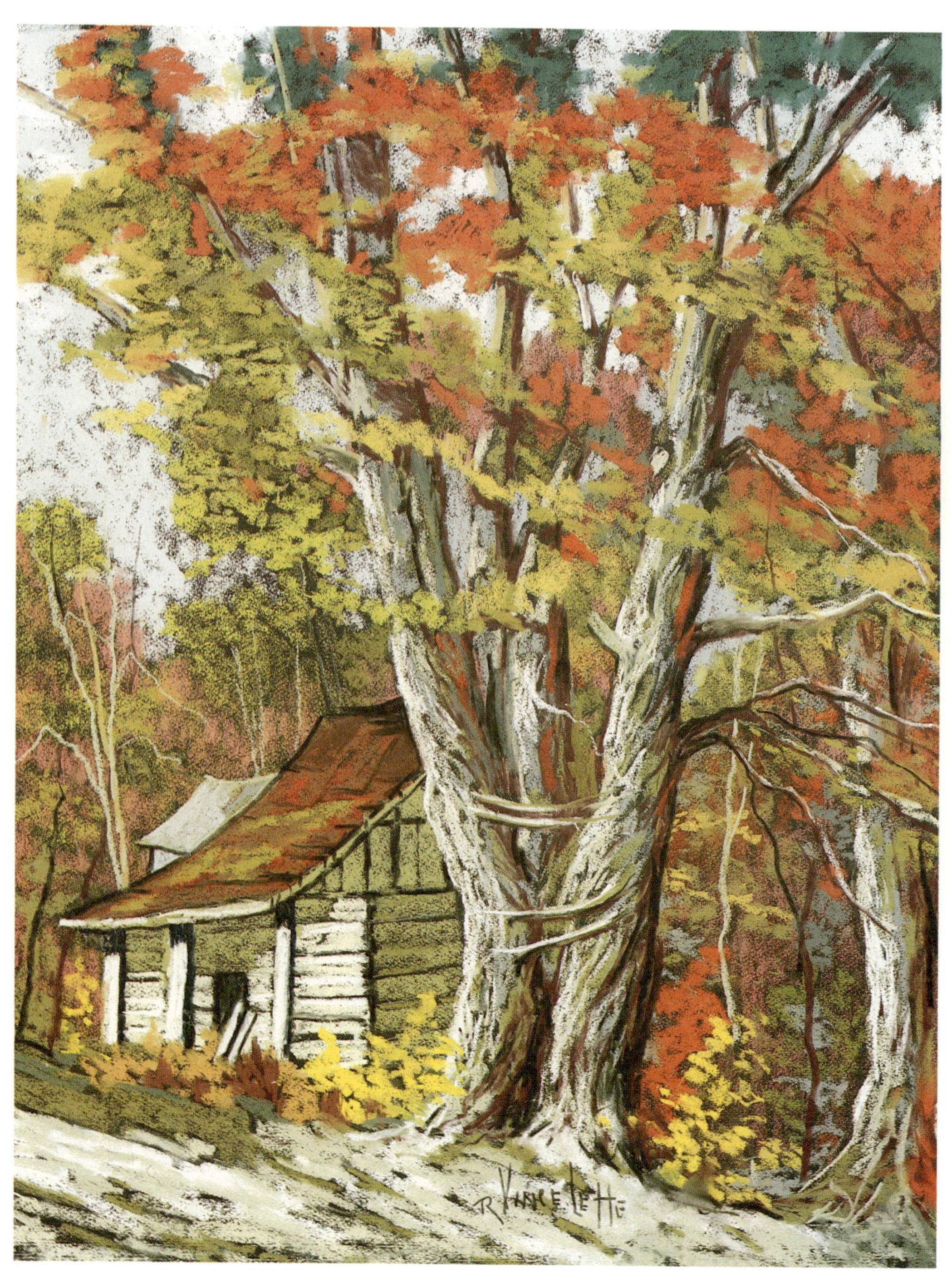

Val Morin en automne
Pastel, 51 x 65 cm
Coll. particulière

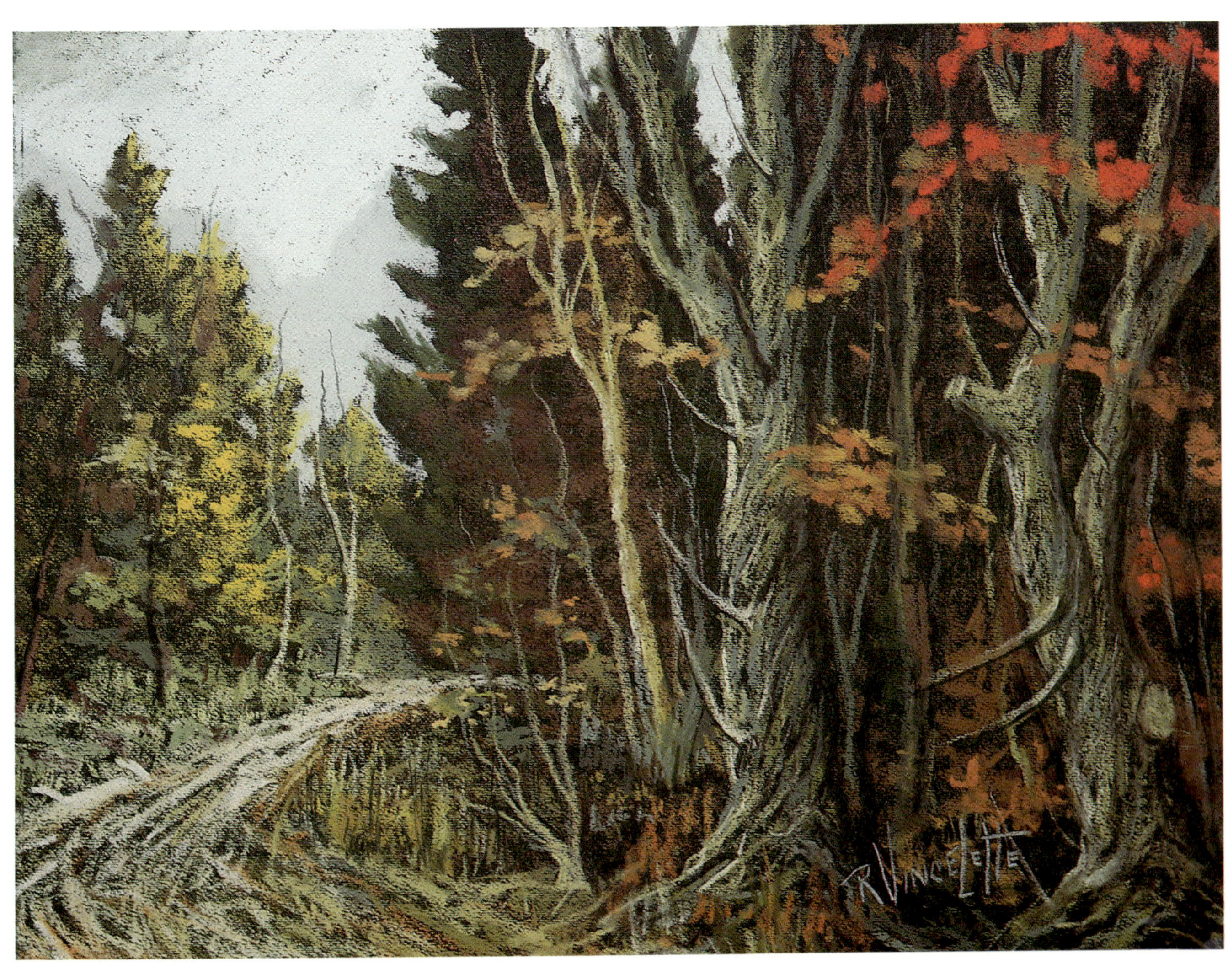

Paysage, pastel, 30,5 x 40,5 cm
Collection particulière

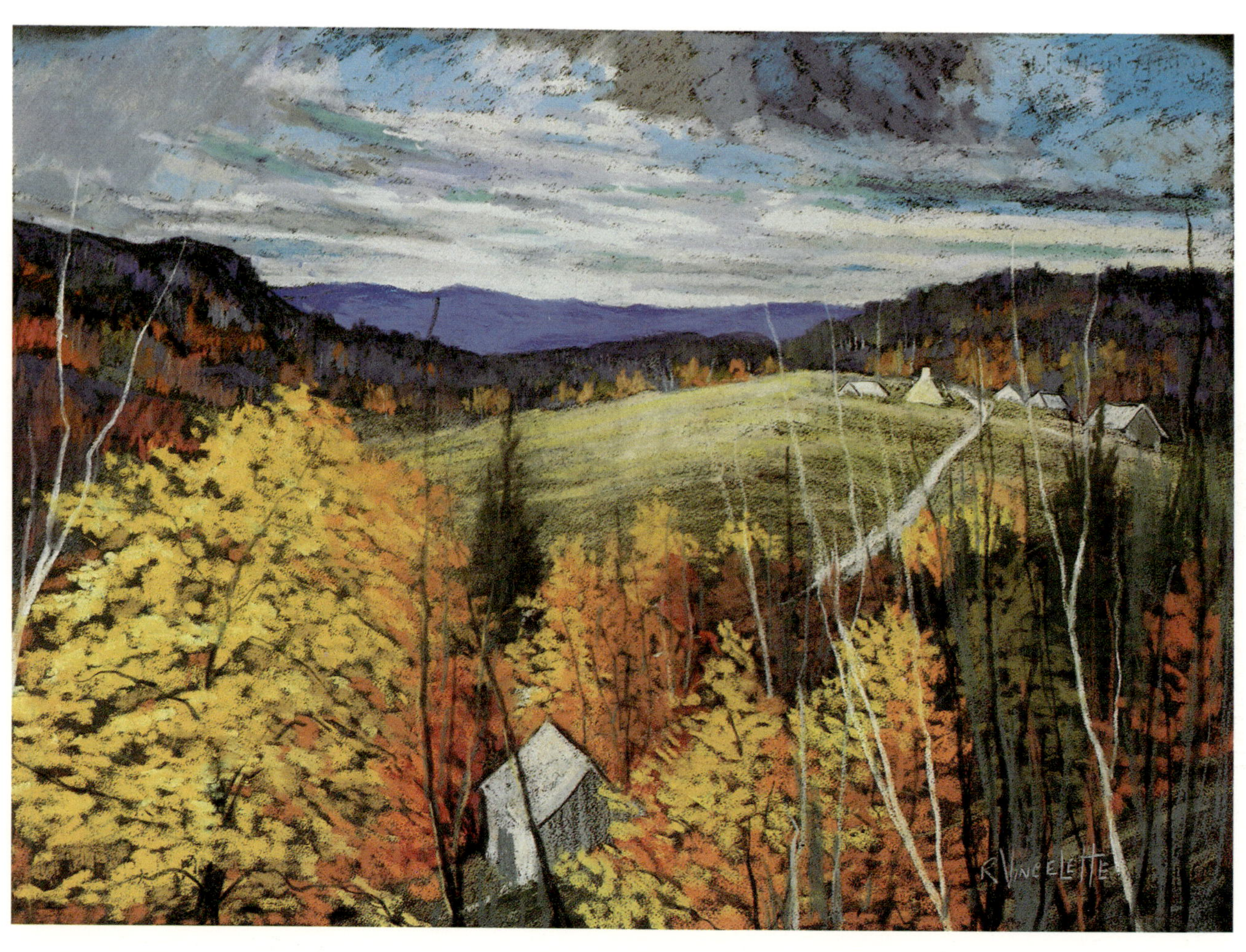

Saint-Donat en octobre, pastel, 48 x 66 cm
Collection particulière

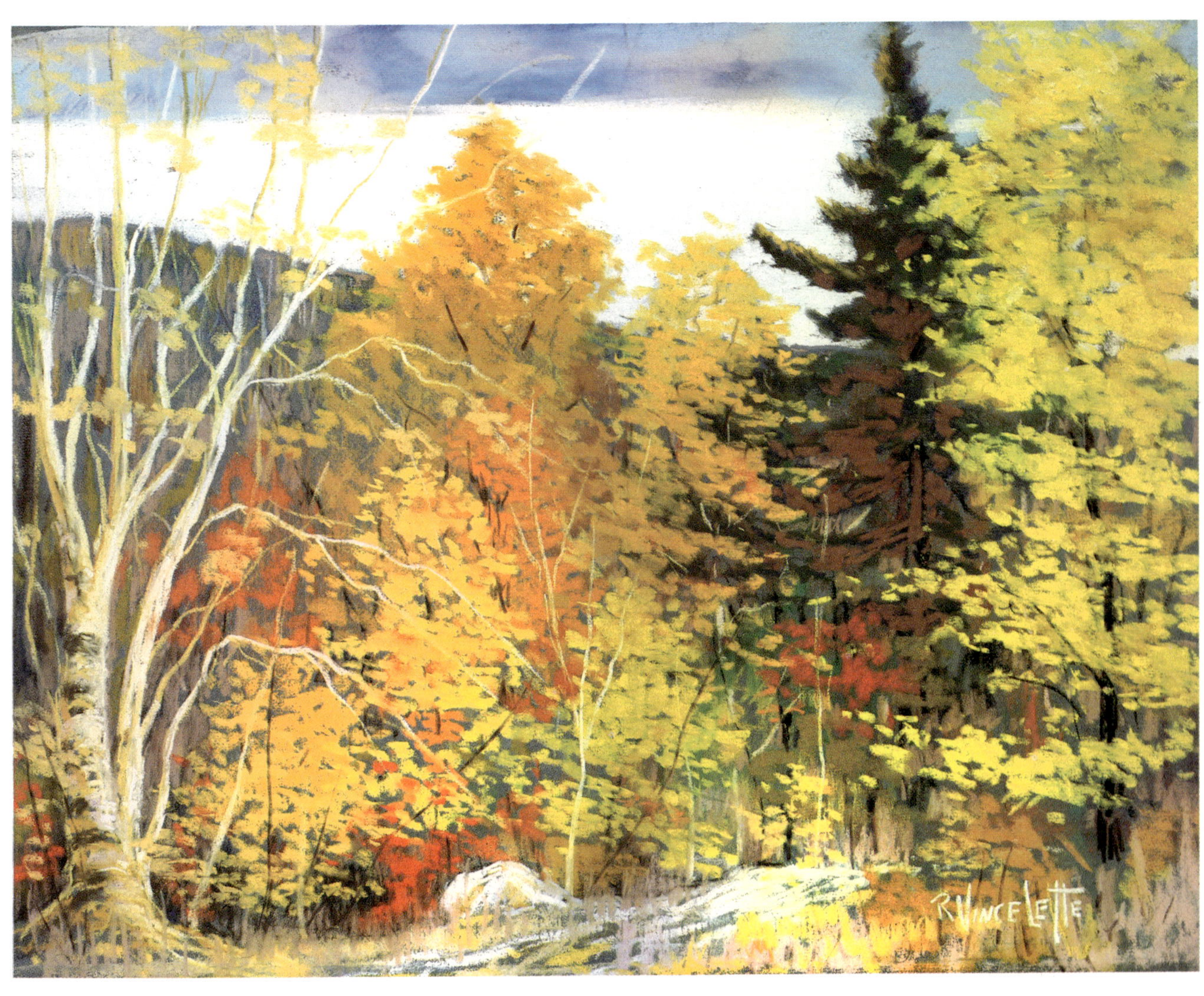

Les Laurentides, pastel, 48 x 63,5 cm
Collection monsieur Martin Leduc

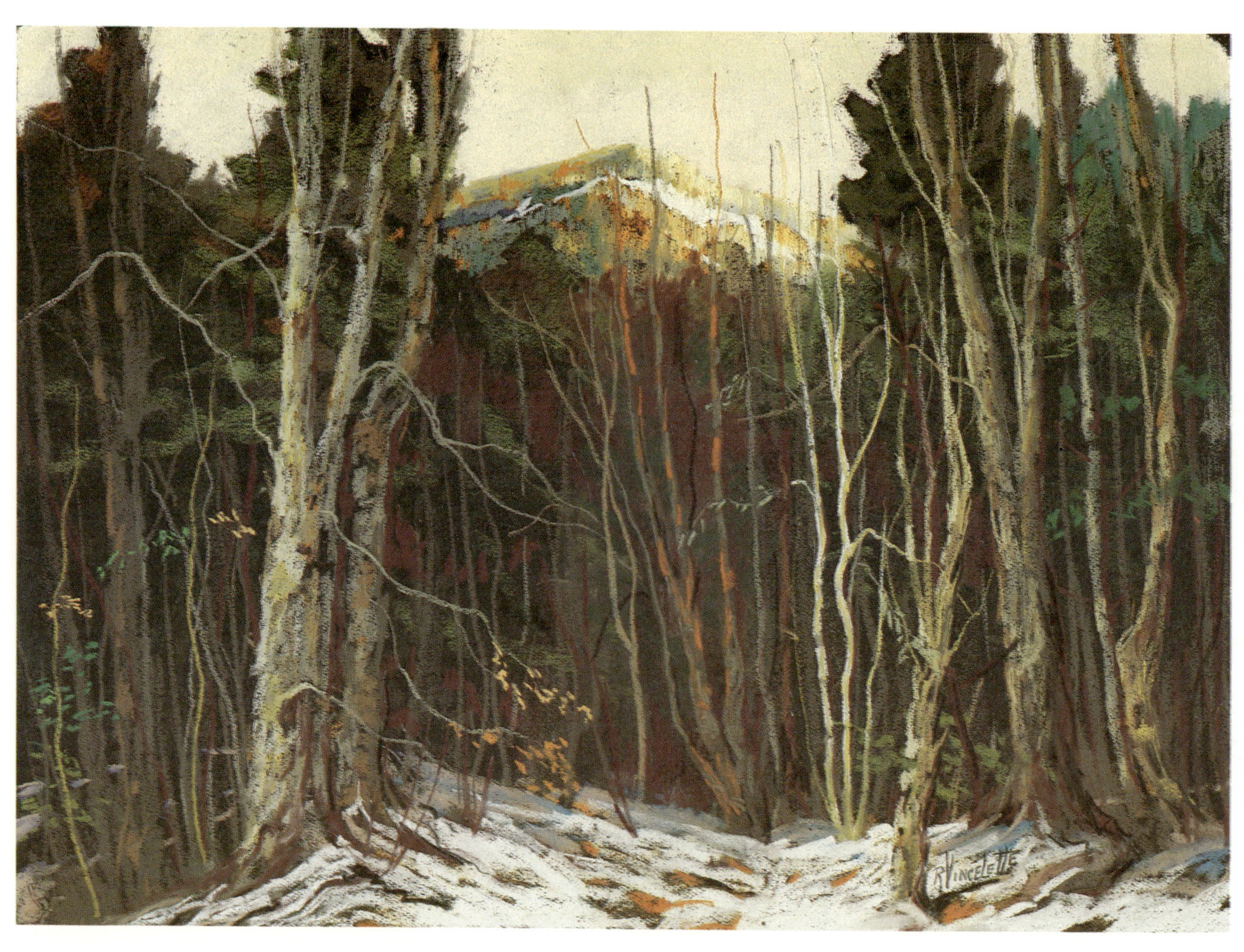

Saint-Sauveur, pastel, 54,5 x 75 cm
Collection particulière

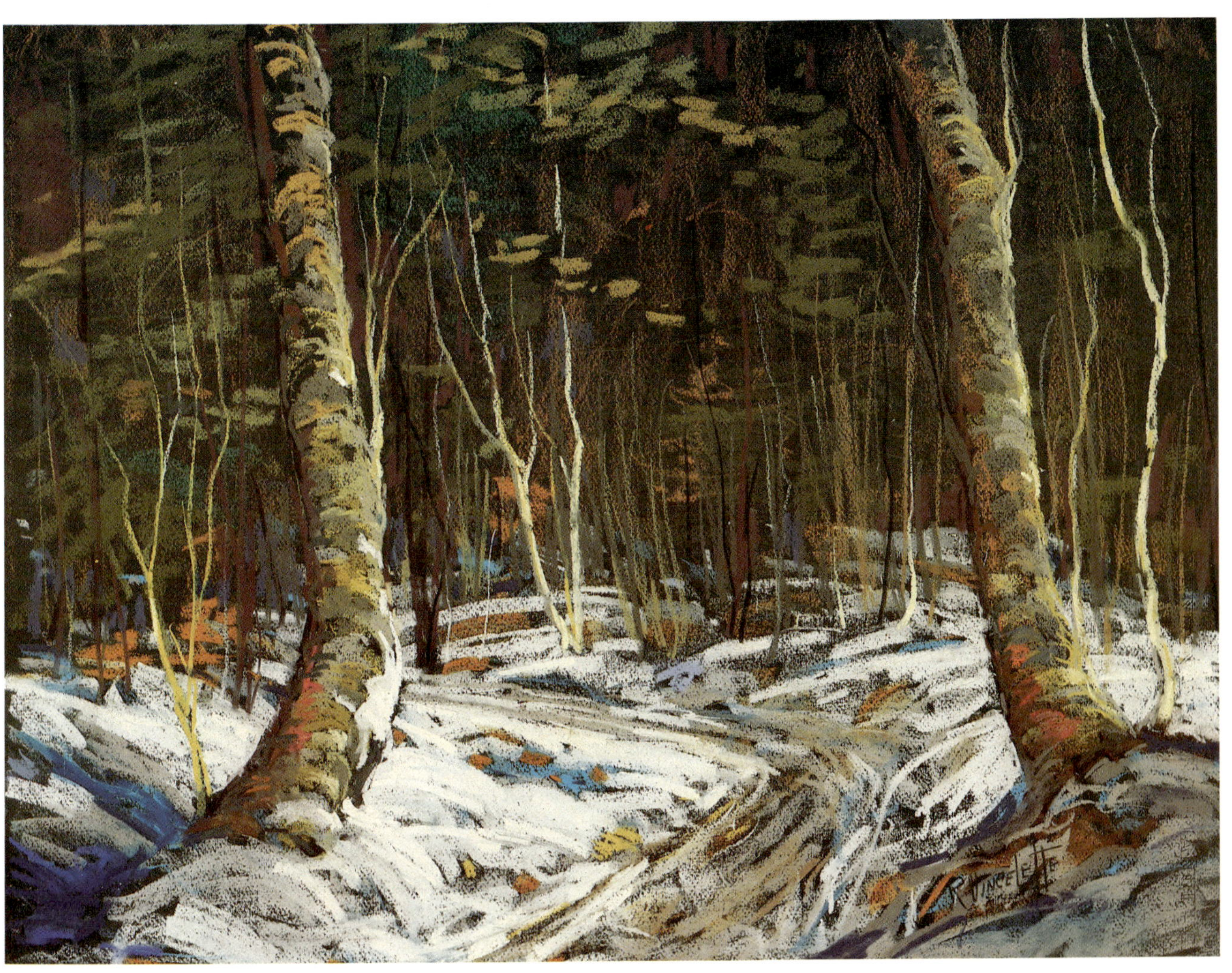

Val David au printemps, pastel, 48,5 x 63,5 cm
Collection particulière

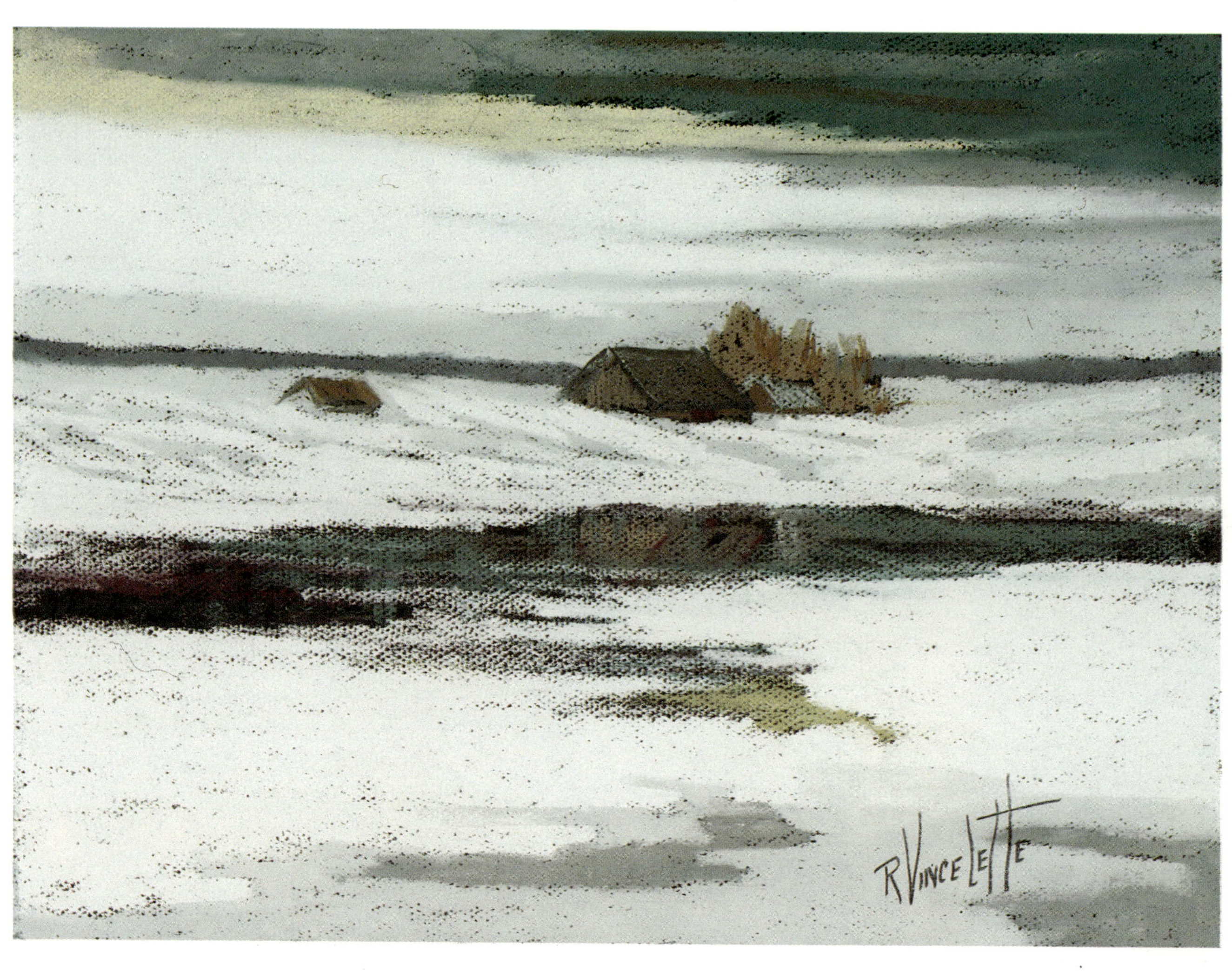

Îles de Boucherville, pastel, 30,5 x 40,5 cm
Collection particulière

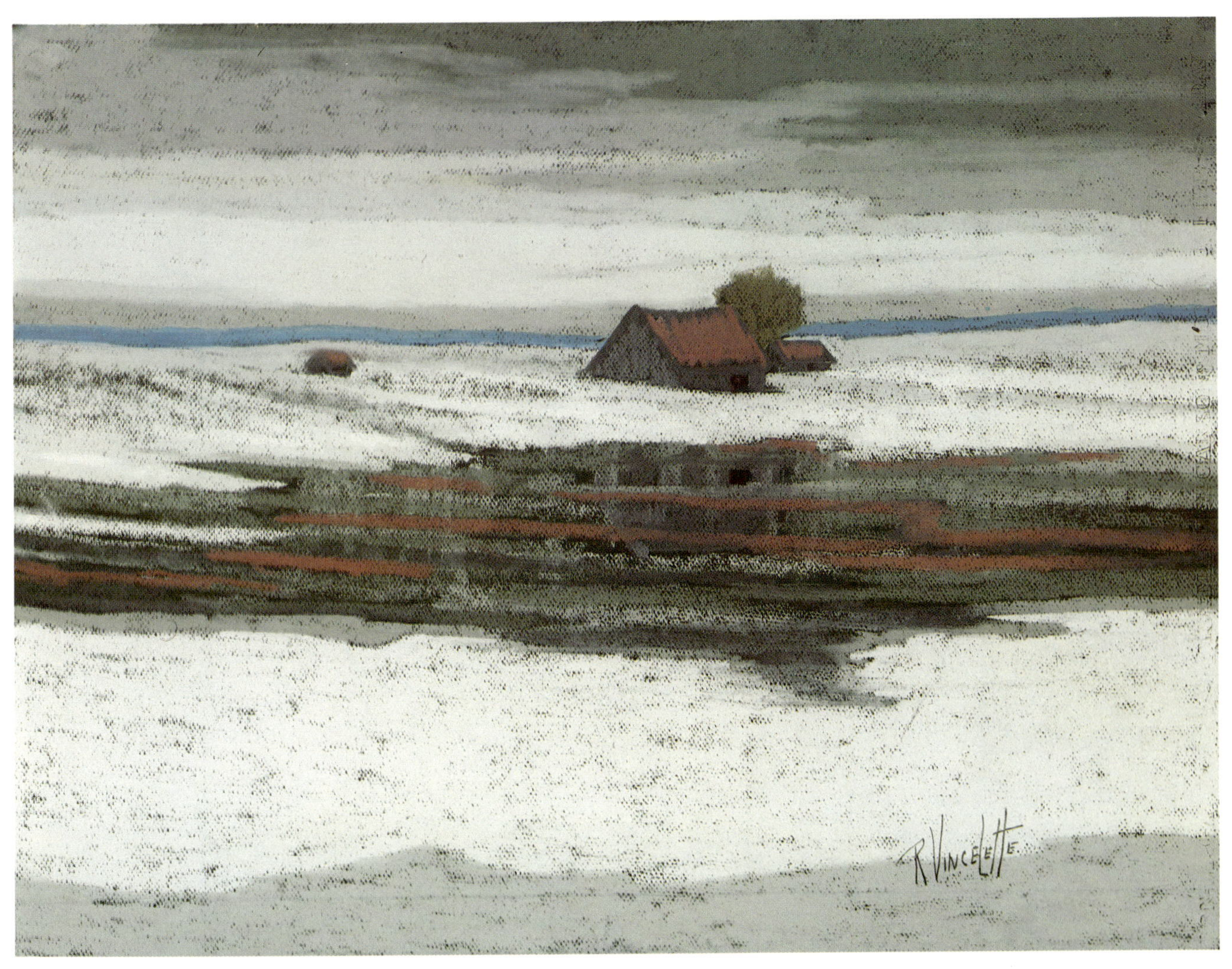

Boucherville en hiver, pastel, 49,5 x 65 cm
Collection docteur et madame Gilles Leduc

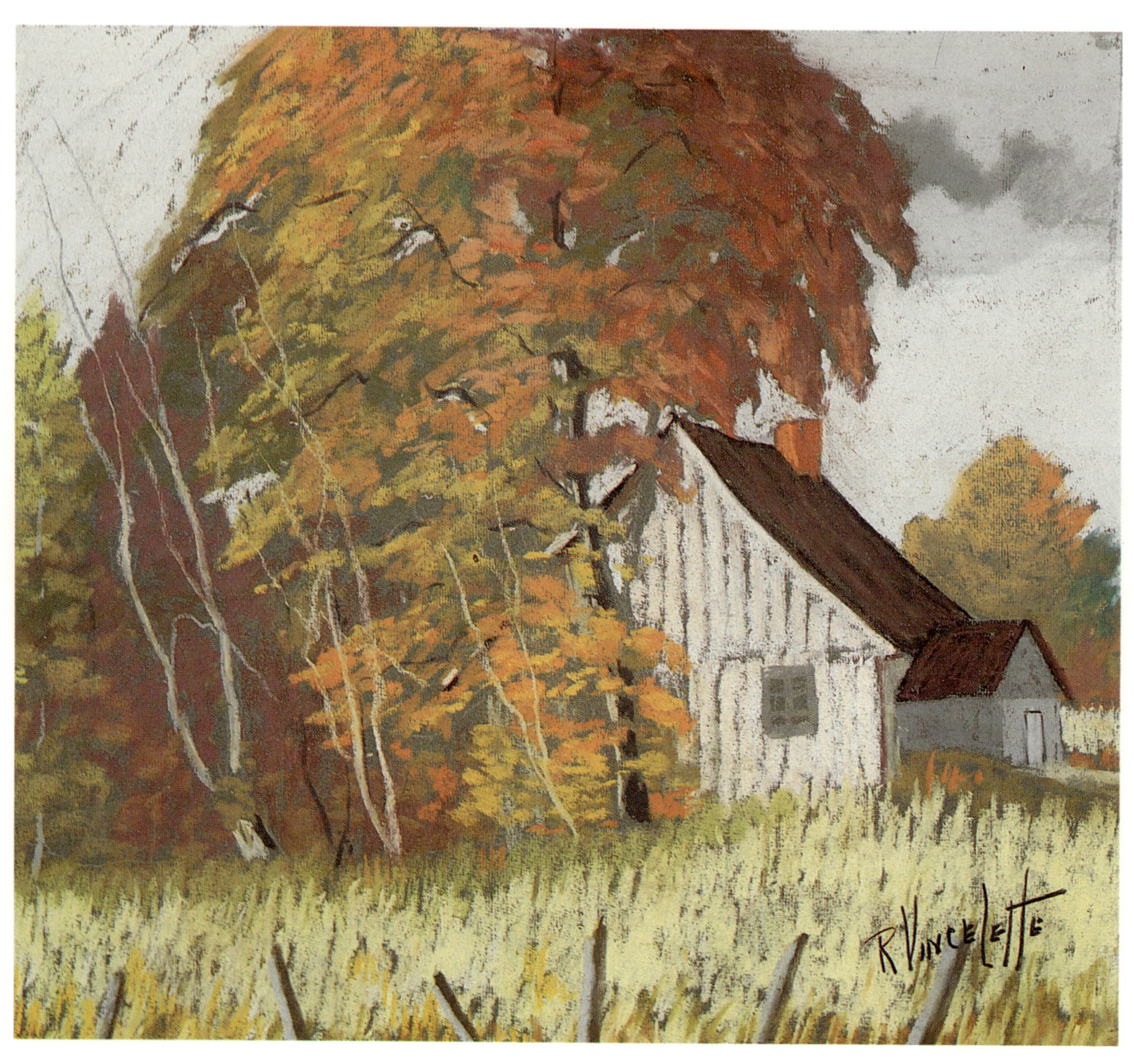

Arbre en automne, pastel, 35,5 x 40,5 cm
Collection particulière

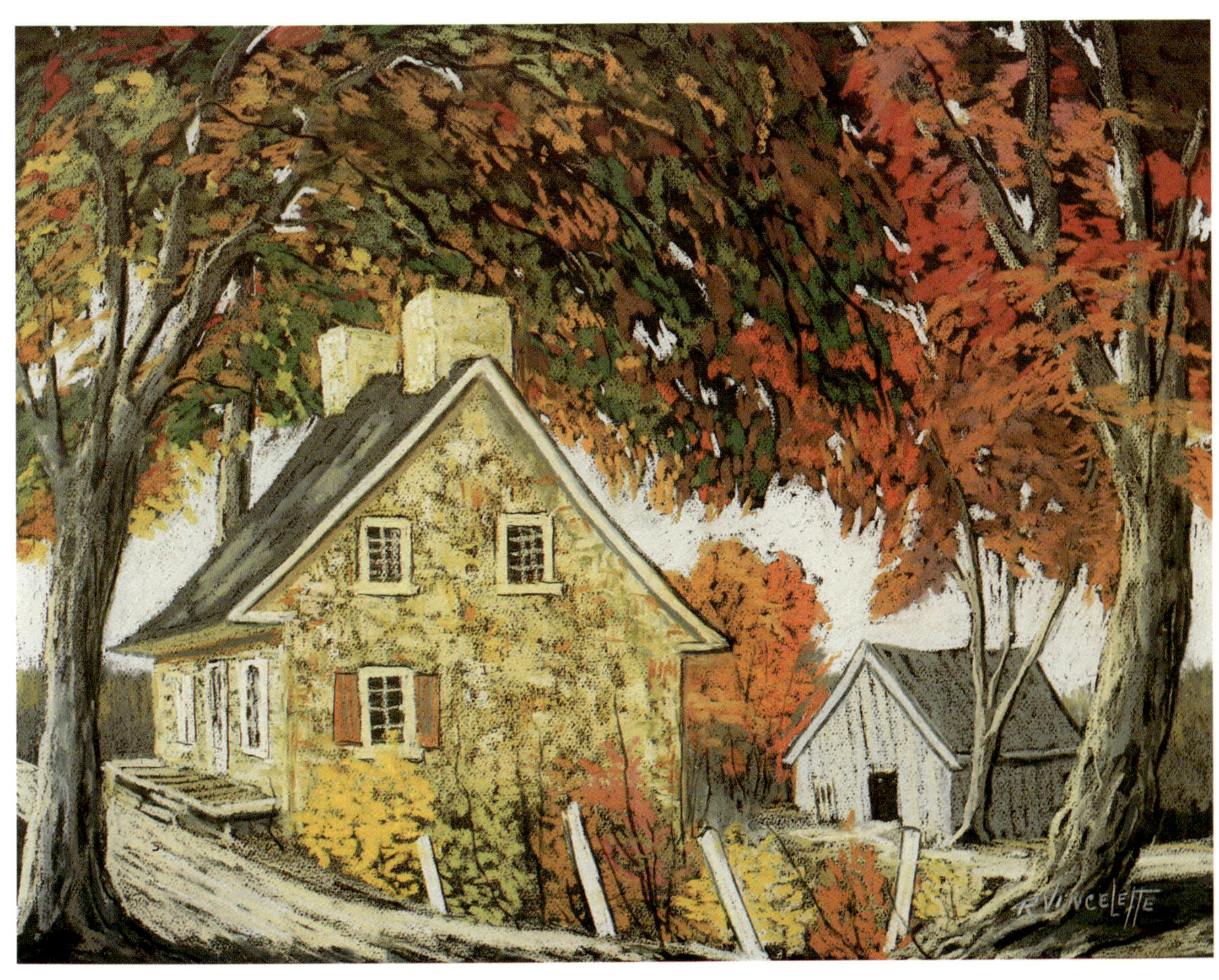

Maison à Boucherville, pastel, 49,5 x 65 cm
Collection docteur et madame Gilles Leduc

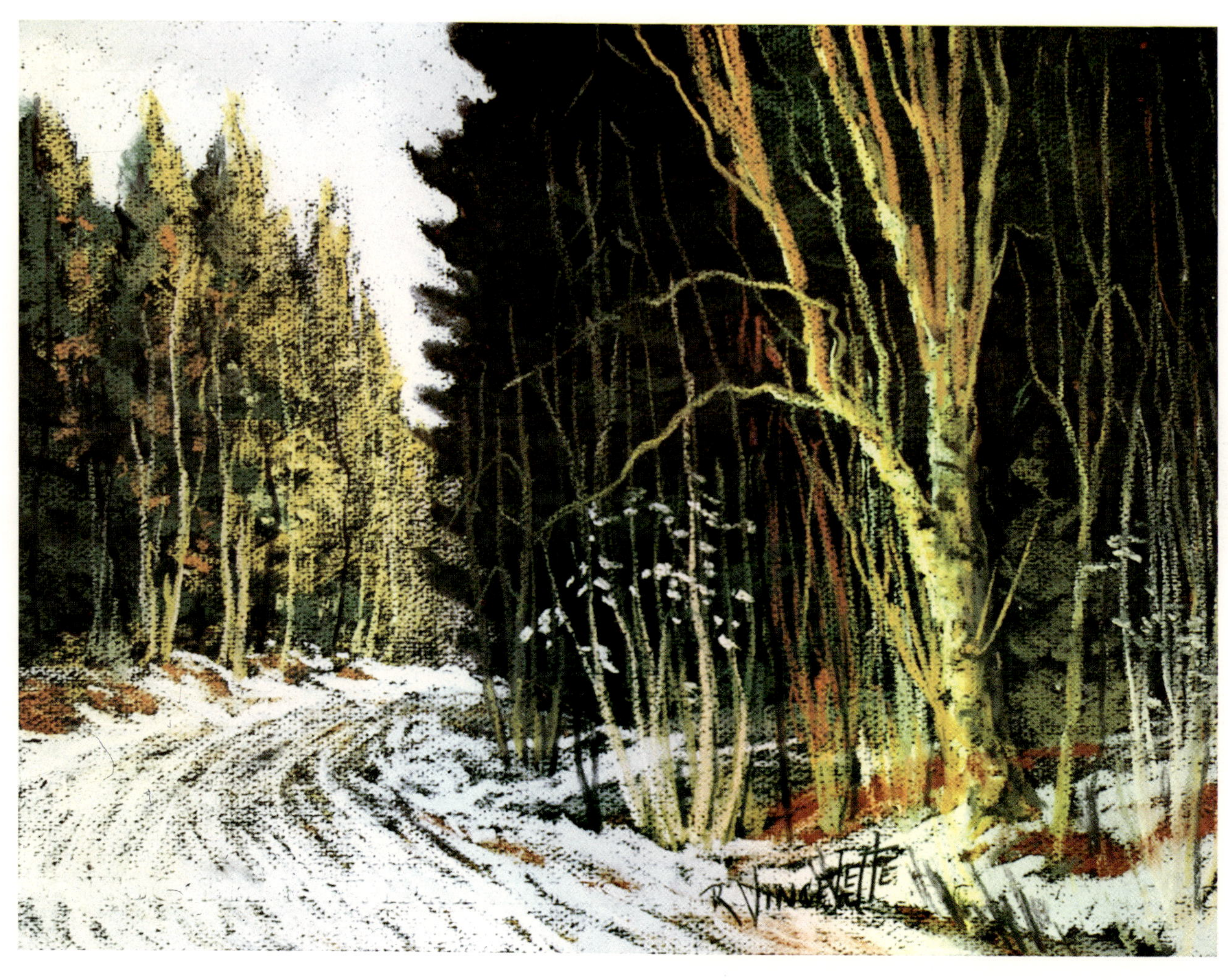

Sous-bois, pastel, 30,5 x 40,5 cm
Collection madame Jocelyne Poirier

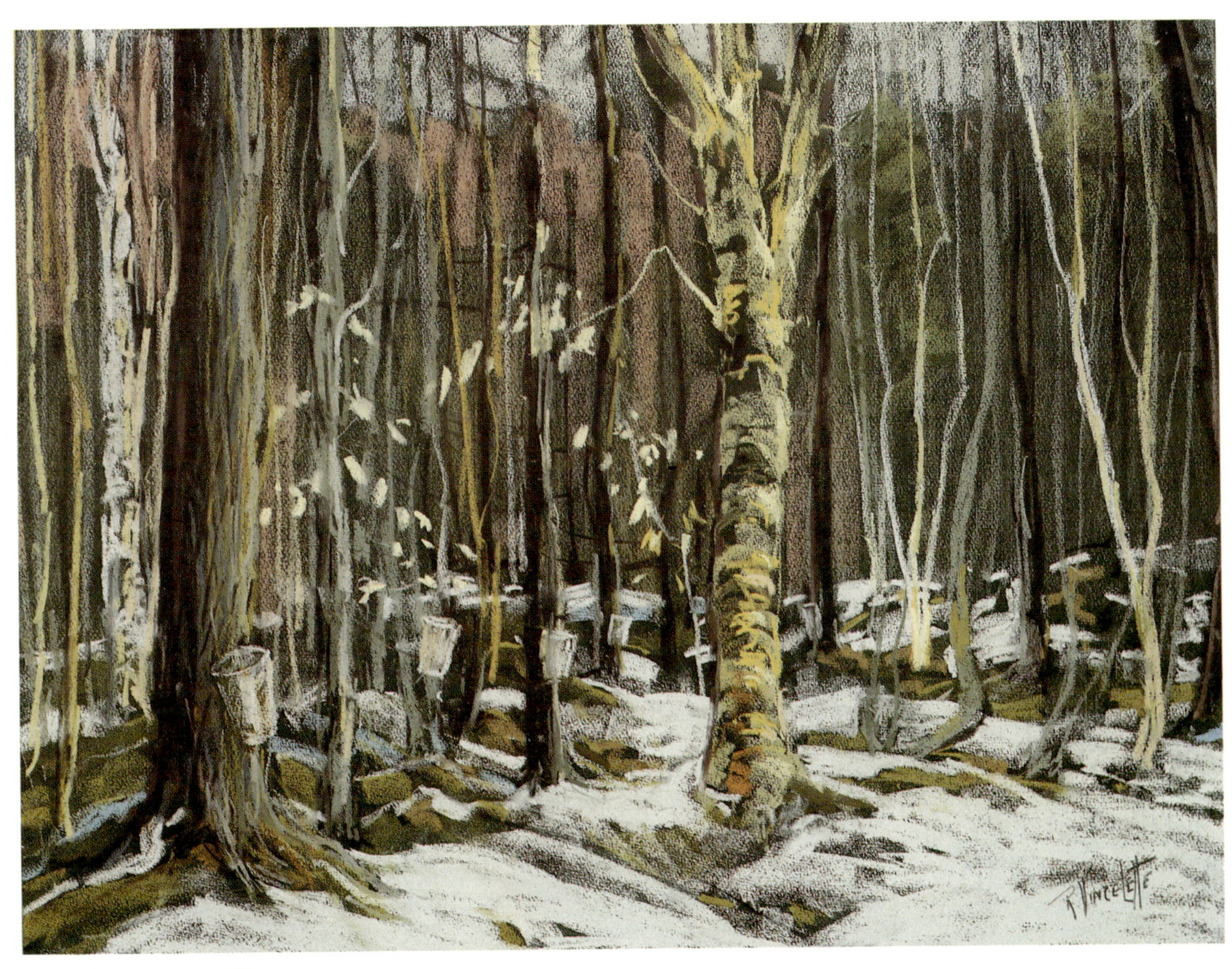

Érablière, pastel, 45,5 x 61 cm
Collection particulière

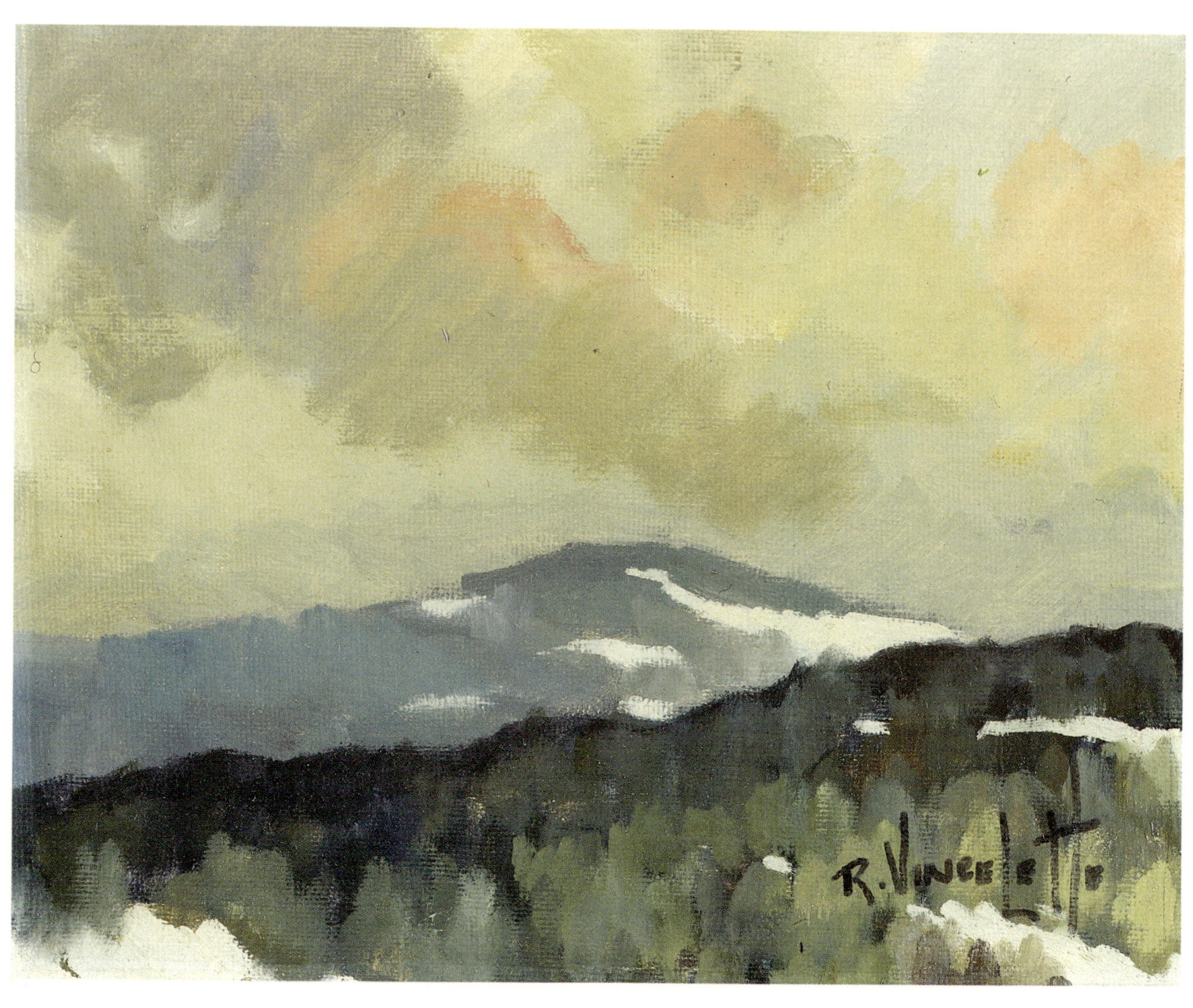

Fin du jour, Piedmont, huile sur masonite, 20 x 25,5 cm
Collection madame Lysandre Vincelette

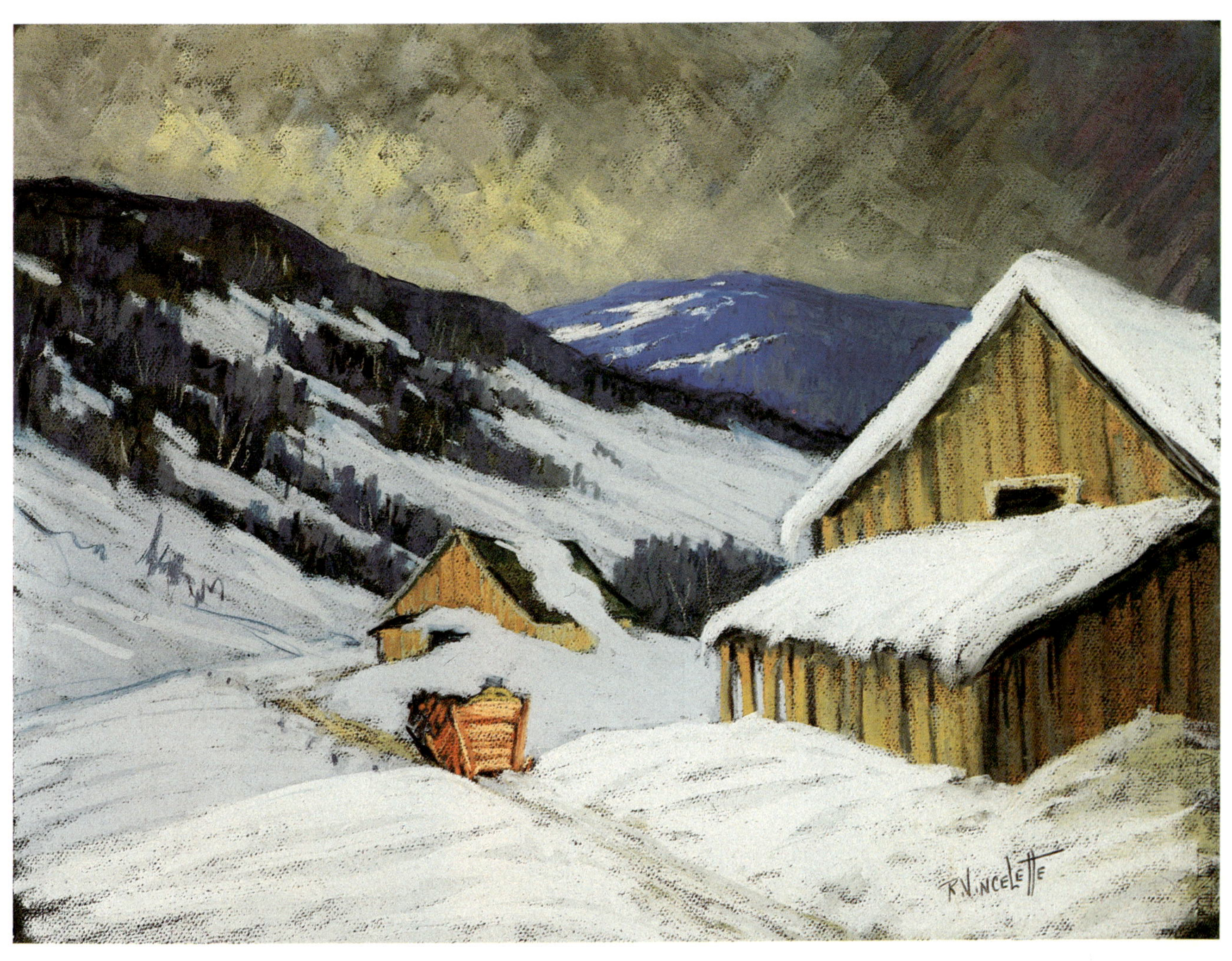

Paysage d'hiver, pastel, 46 x 61 cm
Collection monsieur et madame Bertrand Leduc

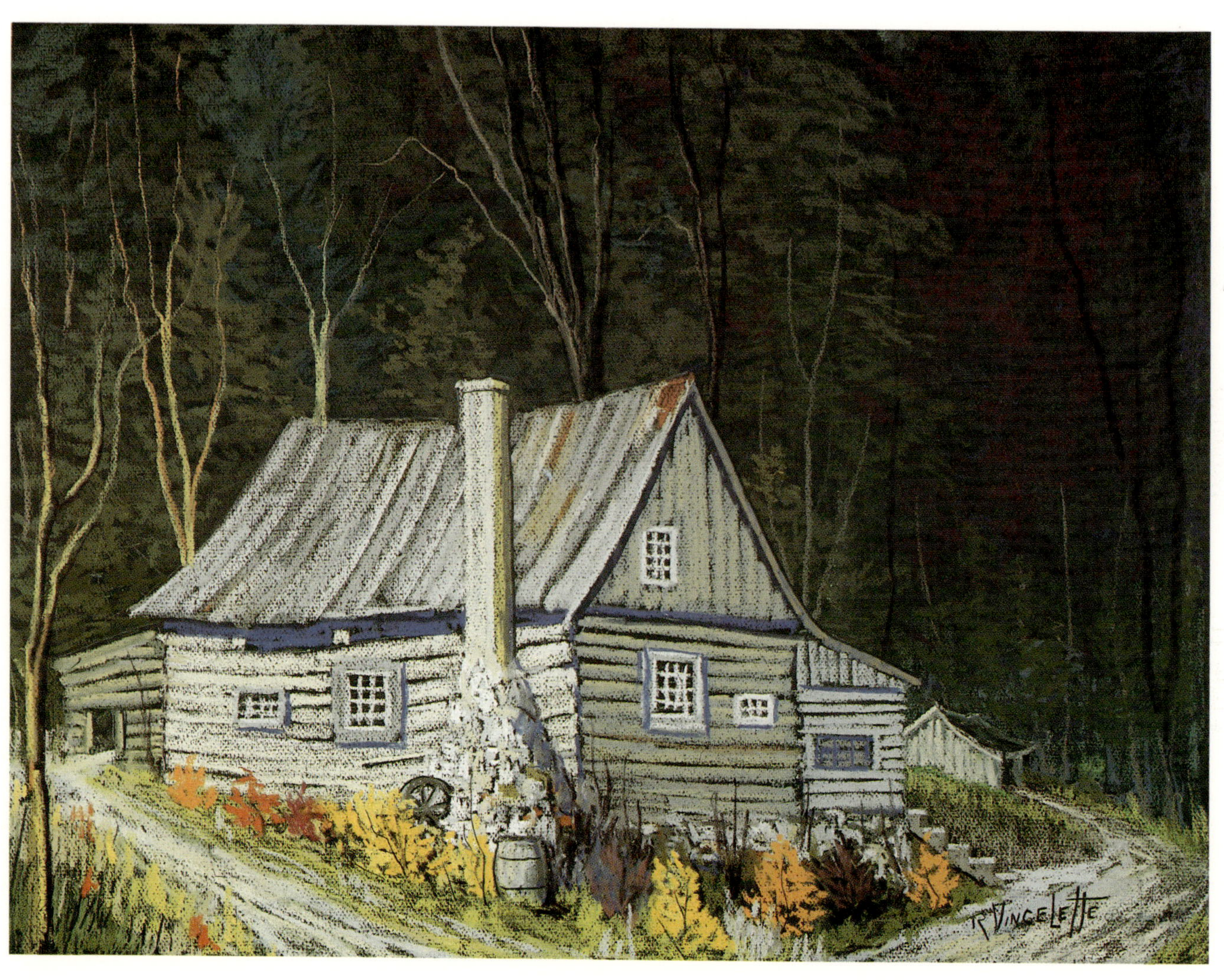

Chertsey, pastel, 48 x 66 cm
Collection madame Margot Hébert

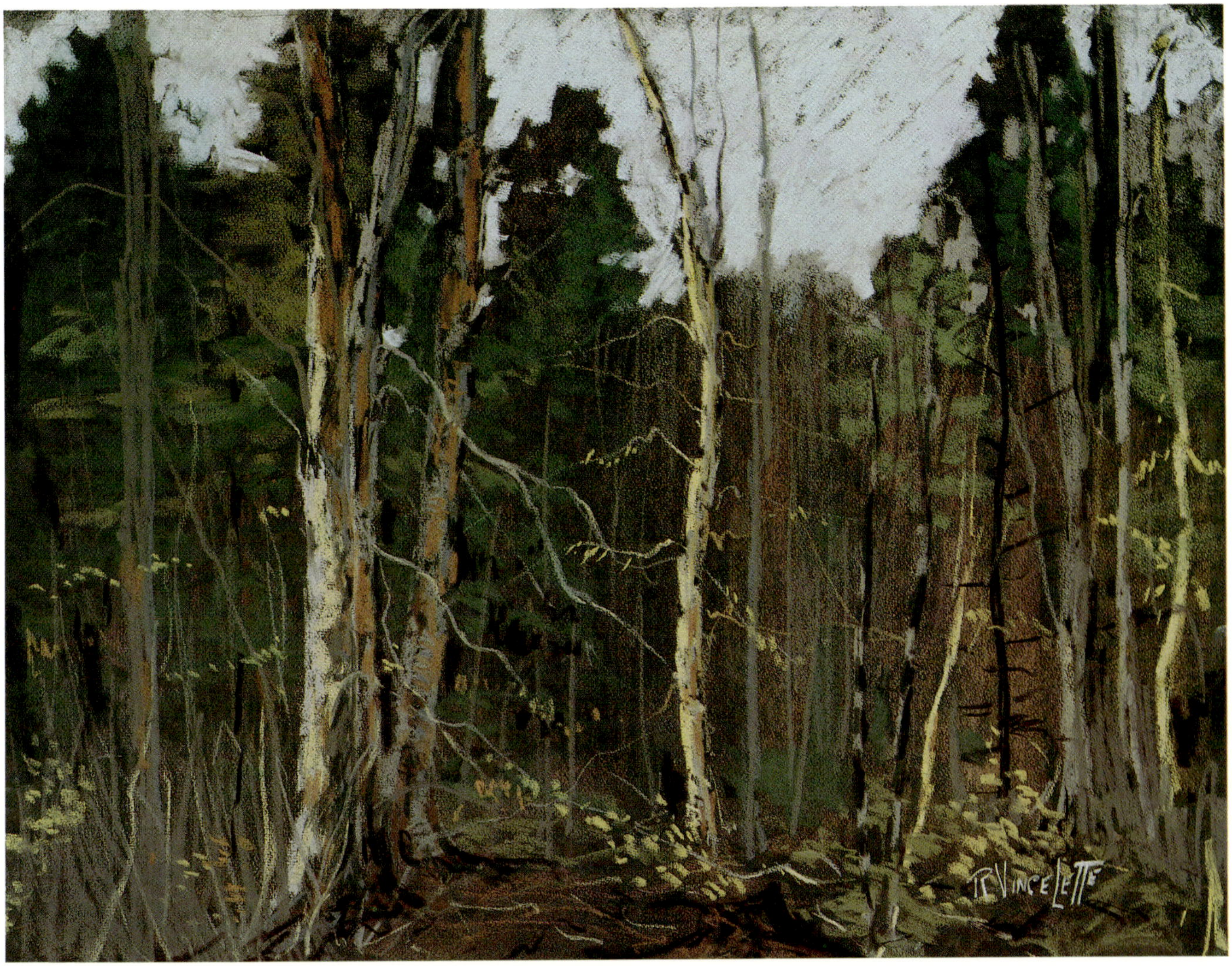

Sous-bois, pastel, 49,5 x 66 cm
Collection particulière

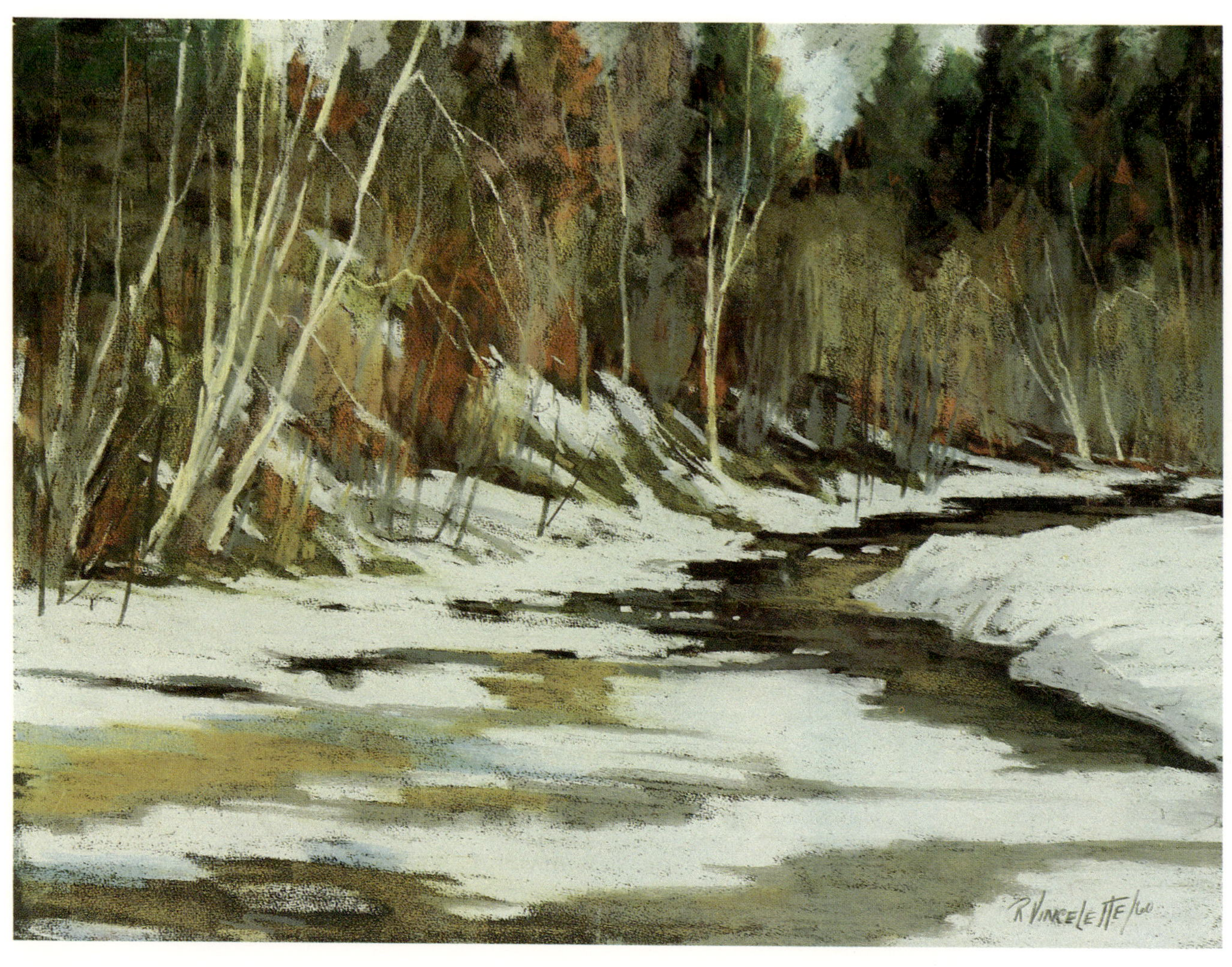

Fin de mars, pastel, 44,5 x 61 cm
Collection particulière

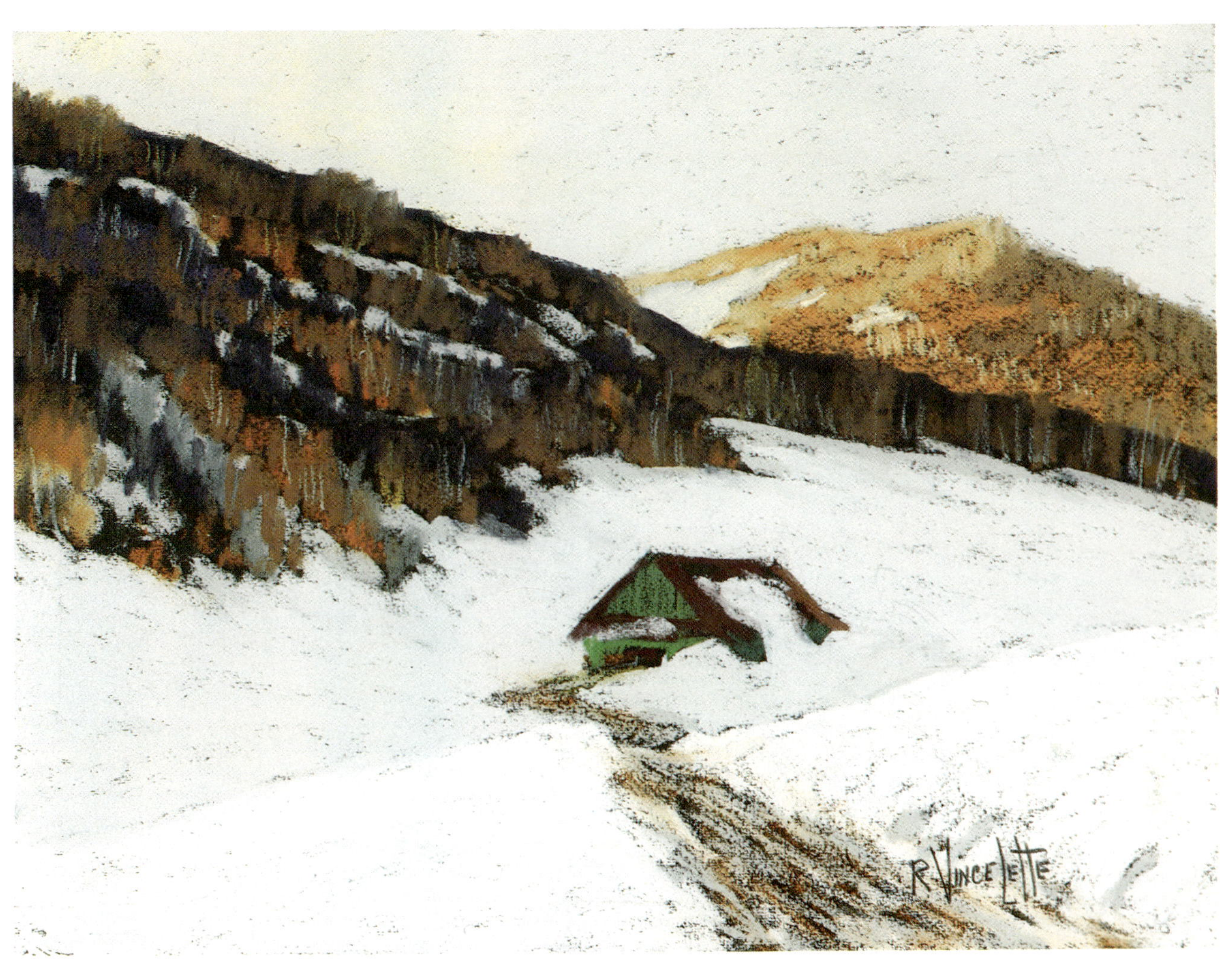

Saint-Urbain, Comté de Charlevoix, pastel, 30,5 x 40,5 cm
Collection madame Lysandre Vincelette

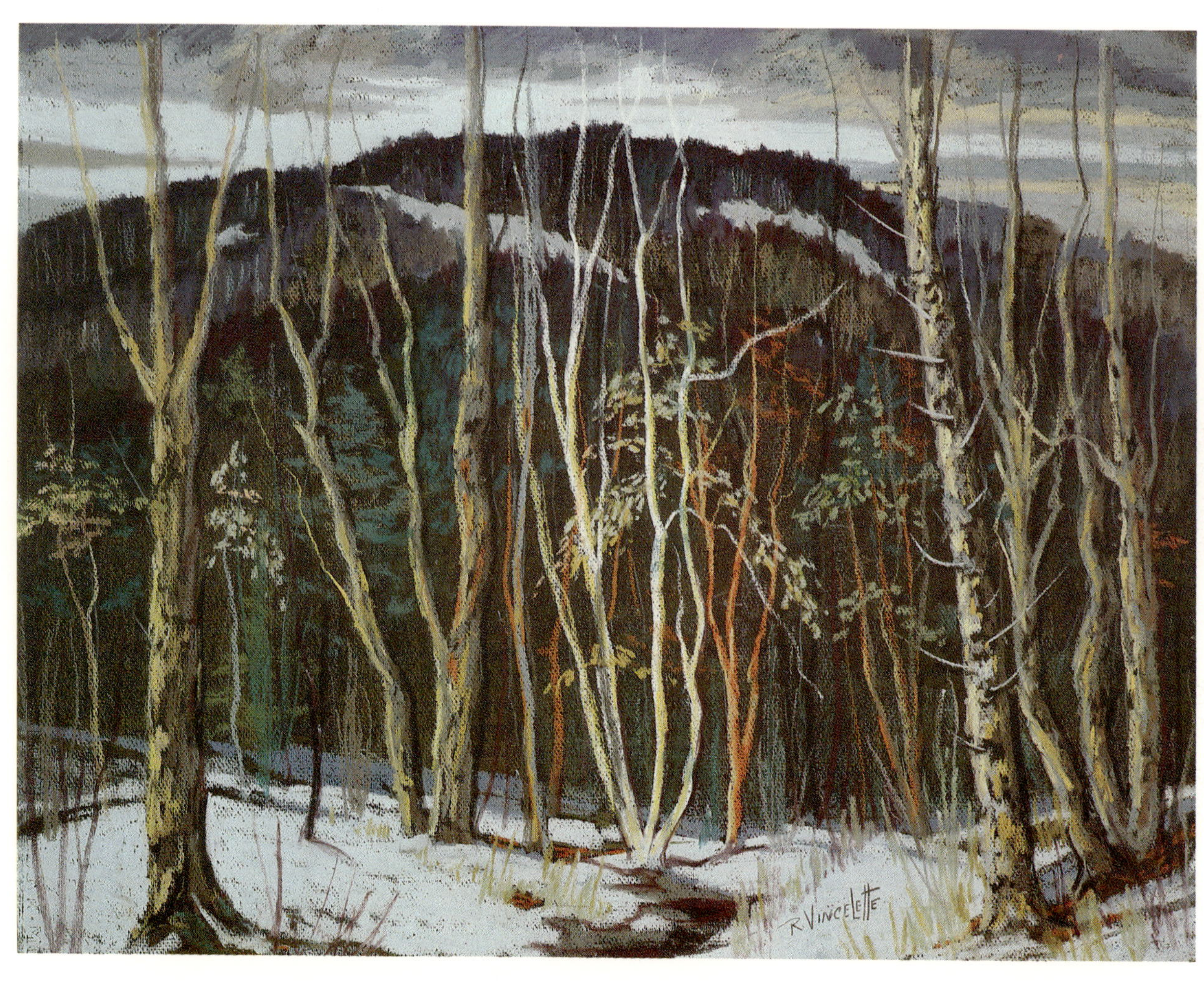

Sous-bois, Collection Galerie Michel de Kerdour

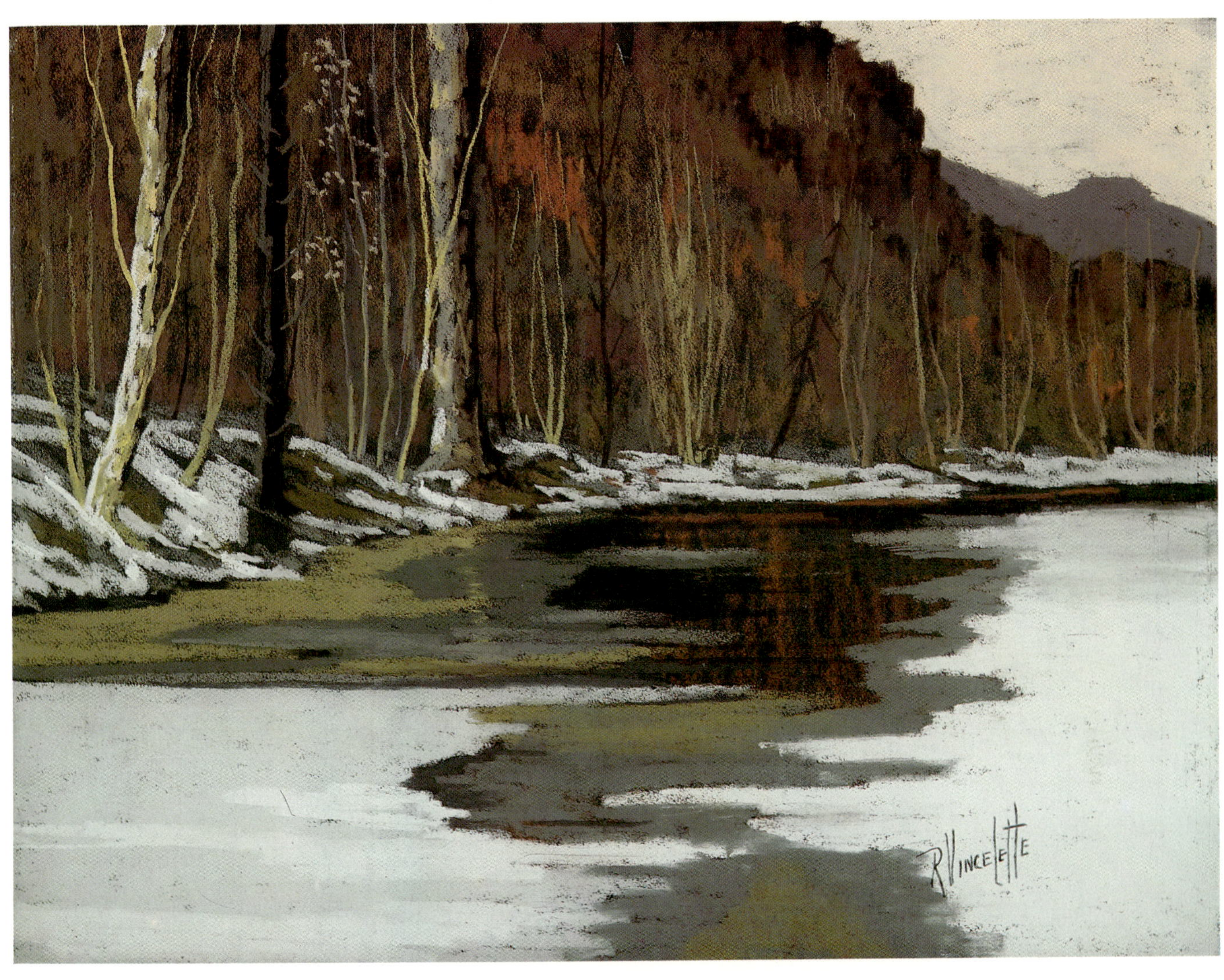

Rivière du Nord, pastel, 48 x 63,5 cm
Collection particulière

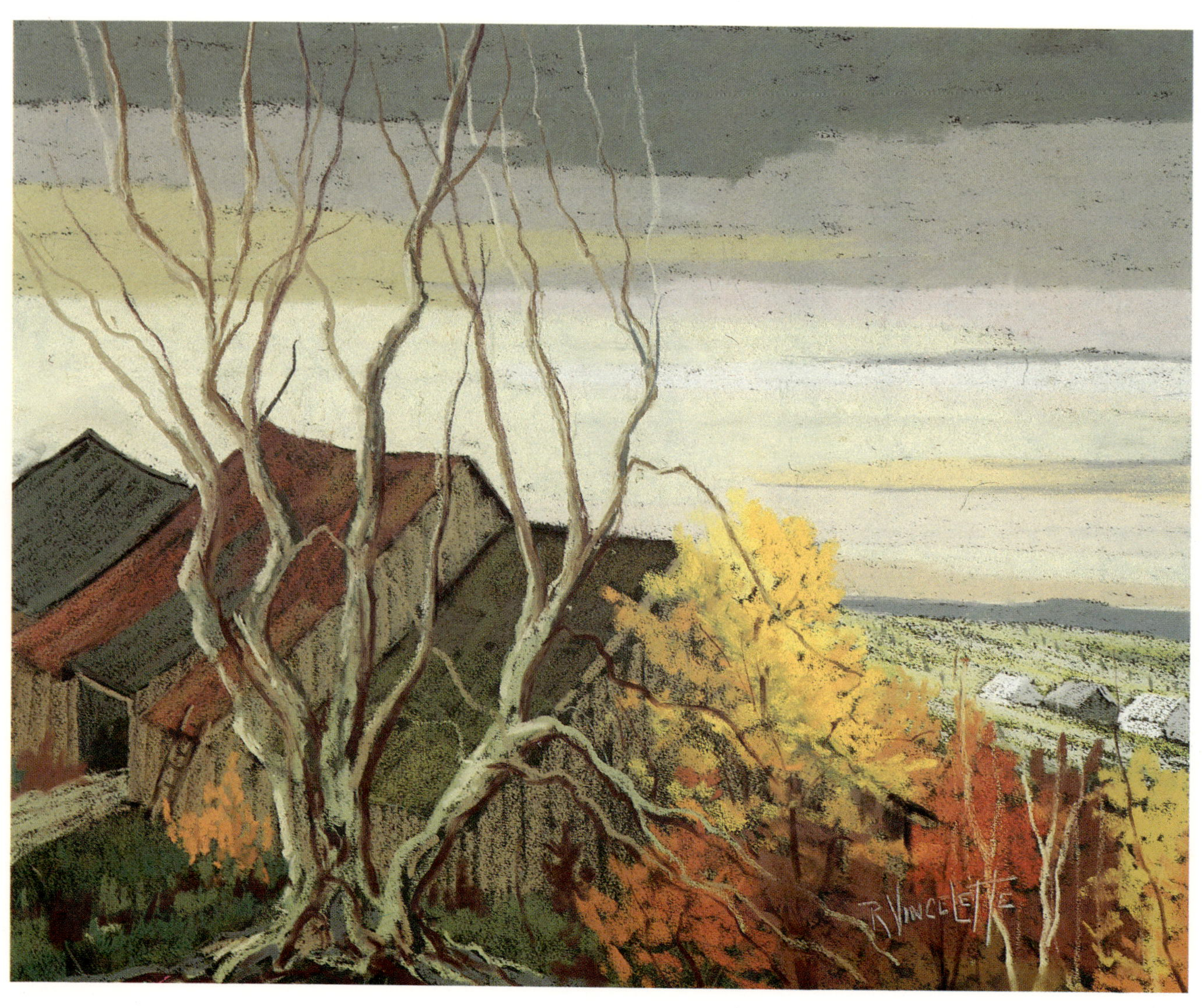

Scène québécoise, pastel, 40,5 x 51 cm
Collection monsieur Mario Verdon

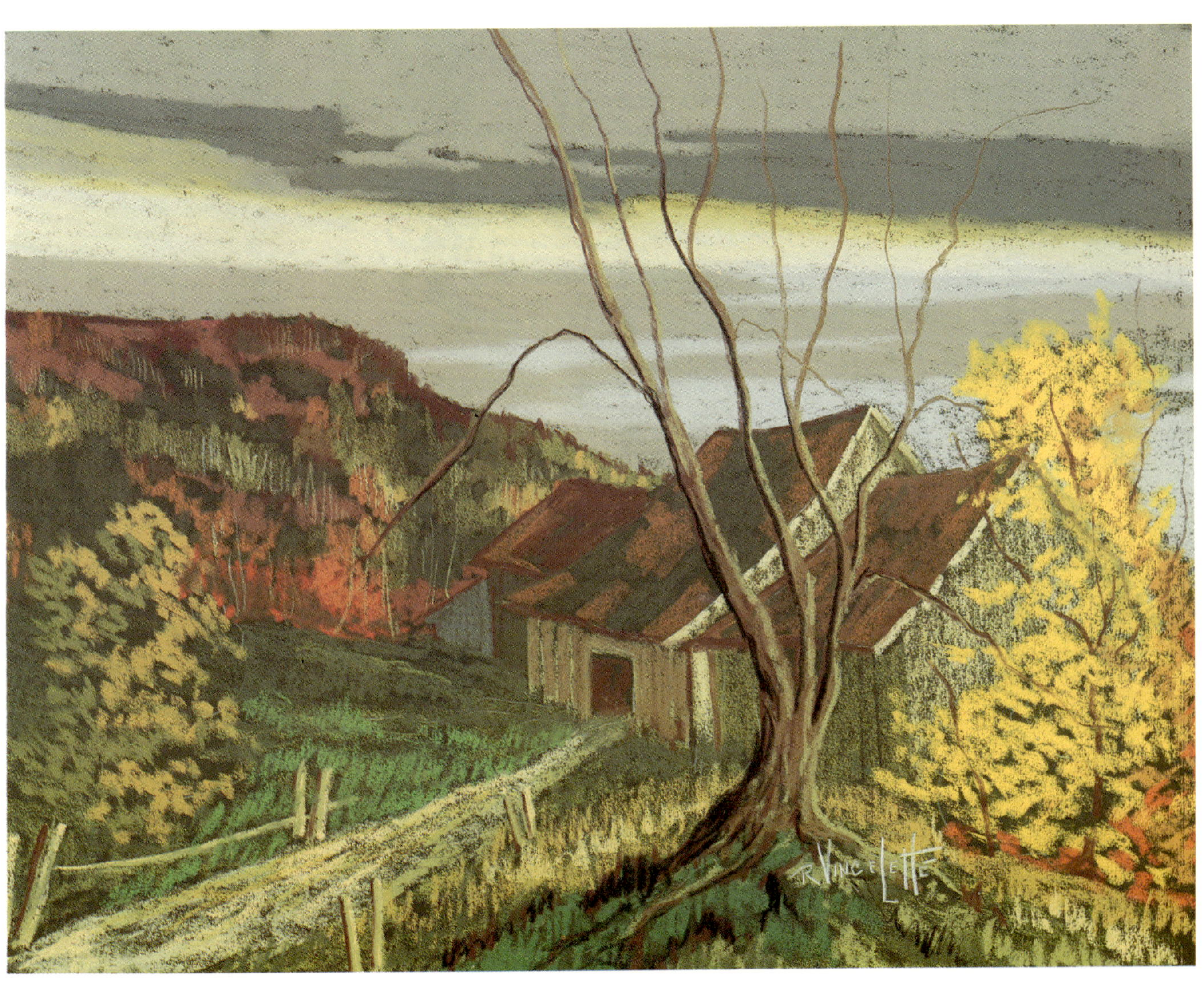

Ferme à Saint-Canut, pastel, 45,5 x 65 cm
Collection particulière

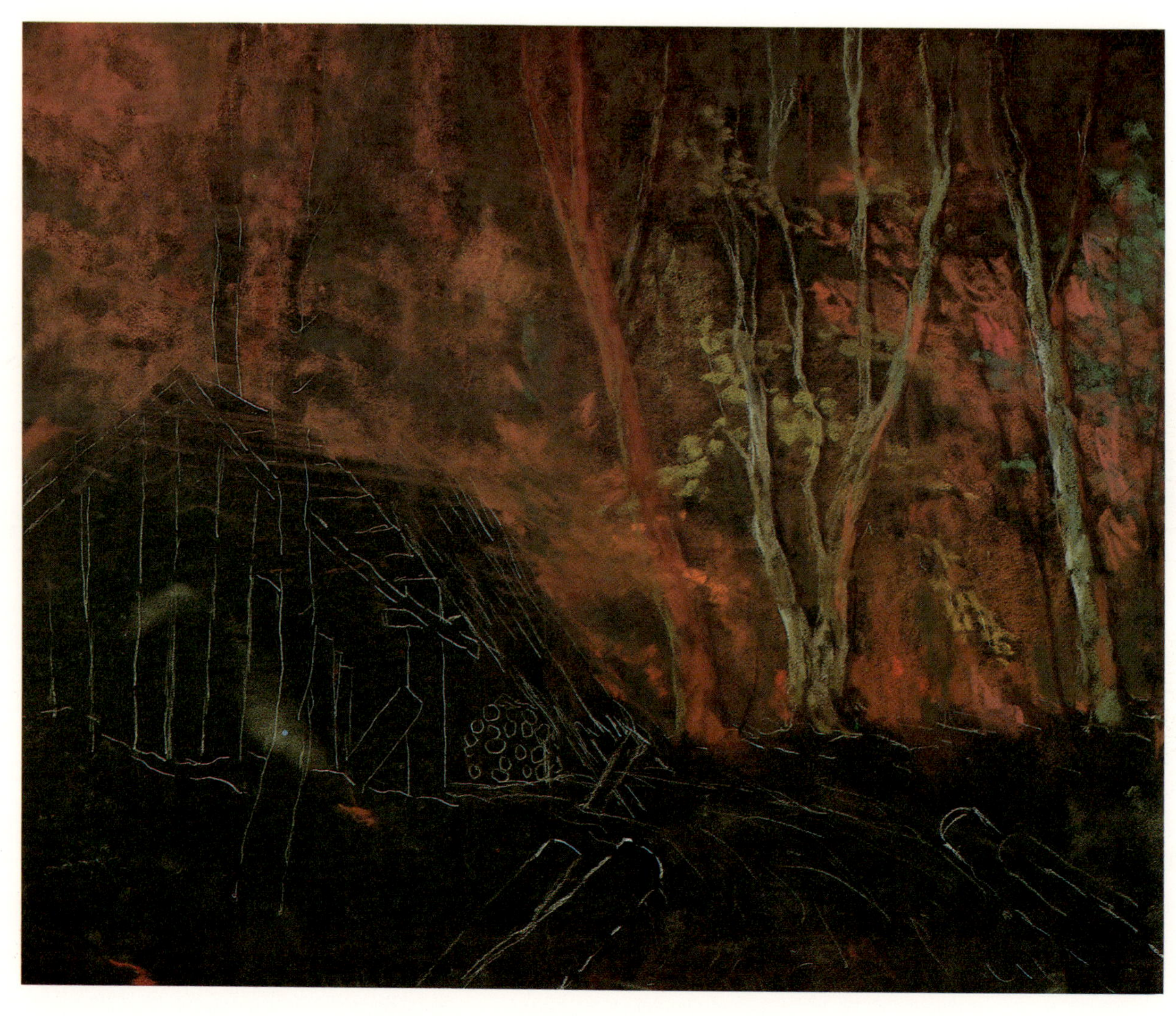

Dernier pastel, œuvre inachevée
Collection particulière

ROMÉO VINCELETTE
1902-1979

Roméo Vincelette est né à Montréal en 1902. De 1916 à 1920, il étudie le dessin avec Saint-Charles et Franchère au Monument National de Montréal. De 1921 à 1925 il perfectionne son art au Musée des Beaux-Arts de Montréal avec Edmond Dyonnet. De 1928 à 1934, l'École des Beaux-Arts de Montréal lui décerne trois premiers prix.

Au cours des années 1925 à 1940 il expose régulièrement au Salon de l'Académie royale et au Salon du Printemps. En 1940, le Canadien Pacifique le proclame gagnant du concours pour le tableau le plus représentatif du Québec. Il obtint plus tard deux subventions de l'Institut Greenshield. Plusieurs de ses tableaux sont suspendus dans des galeries d'art des grandes villes canadiennes; d'autres font partie de collections en France, en Angleterre, aux États-Unis et au Canada.

Roméo Vincelette fut président du comité d'exposition du Club des Arts (Arts Club) de Montréal, vice-président du Pen and Pencil Club et, pendant près de dix ans, directeur du Centre d'art du Mont-Royal, de Montréal.

Vincelette était un amant et un peintre de la nature. Il est décédé le 2 décembre 1979, à Montréal.

Imprimé à Hong Kong